너는 나의 배달부!

이 도서의 국립중앙도서관 출판예정도서목록(CIP)은 서지정보유통지원시스템
홈페이지(http://seoji.nl.go.kr)와 국가자료종합목록 구축시스템(http://kolis-net.nl.go.kr)에서
이용하실 수 있습니다. (CIP제어번호 : CIP2019034420)

너는 나의 배달부!

저자 / 김순숙
북디렉터 / 김용섭
편집,디자인 / 김현길
펴낸이 / 황영순

펴낸곳 / 사회문화사
초판 1쇄 발행 / 2019년 9월 5일
출판등록 / 301-200-100
주소 / 서울시 중구 충무로2길 32-6
전화 / 02-2278-2083 팩스 / 02-2271-2082
저자 이메일 / josephf15@naver.com

ISBN 978-89-965739-9-9 03230

너는 나의 배달부!

김 순 숙 지음

시작하는 글

김 순 숙 원장
세종 임마누엘 금식기도원

먼저 부족한 자를 통해 이 책을 쓰게 하신 하나님께 감사와 영광을 올려드립니다. 나는 내 이름을 드러내기 위해 광고하는 사람도 아니고 사역하는 사람도 아니다. 오직 하나님이 어느 곳이든 세워주시면 그곳에서 최선을 다해, 사역에 임하는 스타일이다. 그리고 이곳저곳에 제단들이 또 이곳에 성전이 세워지면서 사역에 대한 책의 필요함을 느꼈고, 주님도 용기를 주셨다. 하지만 마음 한편에는 '책을 써야되나?' 하는 마음이 들었다.

나는 어떤 일을 추진할 때 4-5번 정도 주님의 음성을 들어야 실천에 옮기는 성격이다. 하나님이 드디어 책을 쓰라는 명령이 떨어졌다.

주님이 말씀했다.

"사역이 문서화 되어, 세상에 나갈 때 많은 사람들이 '바른 깨달음'을 얻을 것이요 또 주의 복음이 증거될 것이다."

실상 나는 한국의 기도원과 필리핀의 수양관, 미국의 시카고 기도원 그리고 주님의 음성에 따라 순종하는 것, 그것이 우선순위라 생각했는데, 하나님께서 책 쓰는 것을 허락하신 것이다.

그런데 나는 하나님 앞에서 내놓을 것이 없는 부끄러운 사람이다. 그래도 책을 쓰려면 내 삶이 거울처럼 맑아야 하는데 그렇지 못한 점도 있고, 그리고 사람들 각자의 생각이 다 다를 텐데… 하는 생각에 사실 두려웠다. 또 책을 쓴다면 남편 목사님이 먼저 써야 하는데 하는 생각도 있고, 그리고 우리 직계 가족들이 나의 사역을 30년이나 보아왔는데, 나를 잘 아는 자도 있지만 모르는 자들도 있어, 책 쓰는 것에 많이 망설였다. 이런저런 이유가 오랫동안 나의 생각을 붙잡았던 것이다.

그러나 나의 체면과 나의 삶 이전에, 나는 주의 종이고 그분이 하라고 하시면 따를 수 밖에 없는 것이다.

주님은 이 책을 통하여 "세계를 복음의 발판으로 삶는 계기가 될 것이다"라고 말씀하셨고 그리고 더 나아가 '너는 나의 배달부!'는 영문판으로 만들어져서 온 세계의 안 믿는 자나 믿는 자들이, 한국에서 일어났던 성령의 역사를 체험하며, 세계의 어느 곳이든지 자기가 있는 처소에서 똑같은 기적을 맛보게 될 것이다.

'너는 나의 배달부!'는 간단한 문장이지만 실상 간단한 것이 아니요, 우리 신앙인에게 깊은 울림을 주는 제목이다. 우리는 하나님께 부르심을 받은 목사님, 선교사님, 기독교 지도자님, 장로님, 권사님, 집사님, 성도님이다. 우리는 하나님의 배달부로 세상에 온 것이다.

배달부라는 것은 남의 물건을 수취인에게 전달하는 사명이 있다. 즉 우리는 하나님의 '택배기사'이다. 그런데 택배기사가 배송에는 관심이 없고 택배물건에 관심이 있어, 자기 집으로 또는 자녀에게 물건을 넘긴다면 곧바로 감옥에 가지 않겠는가?

우리는 하나님의 택배기사인데 하나님이 우리에게 물건을 맡기시고 '누군가에게 전달'하라고 하셨는데 '전달하지 않는 자'가 너무나 세상에 많은 것이다. 처음에는 하나님의 택배물건을 잘 전달하는 것 같았는데, 조금 지나, '아간'처럼 물건을 자기 집에 감추어 두는 것이다.

내가 노략한 물건중에 시날 산의 아름다운 외투 한 벌과 은 이백 세겔과 그 무게가 오십 세겔 되는 금덩이 하나를 보고 탐내어 가졌나이다 보소서 이제 그 물건들을 내 장막 가운데 땅속에 감추었는데 은은 그 밑에 있나이다 하더라 그들이 그것을 장막 가운데서 취하여 여호수아와 이스라엘 모든 자손에게 가져오매 그들이 그것을 여호와 앞에 쏟아 놓으니라 여호수아가 이스라엘 모든 사람과 더불어 세라의 아들 아간을 잡고 그 은과 그 외투와 그 금덩어리와 그의 아들들과 그의 딸들과 그의 소들과 그의 나귀들과 그의 양들과 그의 장막과 그에게 속한 모든 것을 이끌고 아골 골짜기로 가서 여호수아가 이르되 네가 어찌하여 우리를 괴롭게 하였느냐 여호와께서 오늘 너를 괴롭게 하시리라 하니 온 이스라엘이 그를 돌로 치고 불사르고(수7:21-25).

여호수아의 지휘하에, 여리고 성을 함락시켰지만 하나님의 것을 구별하지 못하고 전리품을 훔친 것이 아간이다. 아간은 전리품과 함께 아들들과 딸들이 돌에 맞아 죽게 되었다. 아간은 하나님의 전리품을 사유화하다가 사랑하는 아들들과 딸들도 처형을 당하게 된 것이다. 노략한 물건을 제대로 바쳤으면 가족들이 죽지 않았을 텐데 배달부 역할을 제대로 하지 못한 죄 때문에 가족들도 죽게 되었다.

우리는 하나님의 배달부인데 그 역할을 잘하면 하늘의 상급과 주님의 기쁨이 되겠지만, 하나님의 물건을 사유화하고 가족들을 위하여 사용했다면 아간이 받는 심판을 우리도 동시에 받게 될 것이다.

이 책의 제목은 평범한 것 같지만 실상은 '기독교의 모든 것'을 품고 있는 제목이며, 전능하신 하나님이 내게 준 '하늘의 음성'이다. 나는 하나님의 배달부로 세상에 왔으며 주님 오실 때까지 배달부의 사명을 다하는 것이 나의 평생소원이다.

이 책이 불신자에게 읽혀지면 분명 구원받는 사람들이 많아질 것이며, 믿음의 형제와 자매들이 이 책을 읽게 된다면 '하나님의 배달부'는 역시 자신들에게 말씀하시는 주님의 음성임을 알게 될 것이다. 이 책을 읽는 자마다 '하나님의 배달부' 역할을 잘해서 하나님이 주시는 복을 받으시기를 바란다.

2019년 9월
세종 임마누엘 금식기도원 원장 김순숙

추천의 글

피 종 진 목사
(재미재단법인) 세계복음화협의회 대표총재
연세대학교 총동문 상임이사

이번에 세종임마누엘 금식기도원의 김순숙원장님이 자기의 생애를 기록한 책 '너는 나의 배달부'라는 책을 세상에 선보이게 되었다. 누구나 기독교인이라면 하나님과 자신과의 만난 간증거리가 있을 것이다. 그런데 간증이라는 것이 설교나 말로는 하기는 쉬워도, 글로 엮어 책으로 만드는 것은 쉬운일이 아닐 것이다.

특별이 김원장님은 '너는 나의 배달부'라는 책을 쓰게 되었는데, 내용은 자신이 '하나님의 배달부'로 지금까지 사역을 해왔고 또 앞으로도 '하나님의 배달부로 살아가겠다'라는 것이다. 그래서 '배달부'가 무엇인가 알아보았더니 '이세상의 모든 것은 하나님의 것이고, 그것을 남들에게 나누어 준다'는 것이다. 그것은 '구원받은 은혜에 감사하며 하나님께로부터 받은 모든 축복을 나눈다는 것이다.'

김원장님의 사역은 하나님을 만난 후에 이 사역을 위하여 온 생애를 바쳤던 것이다. 하나님의 배달부의 사역은 이 책속에 고스란히 녹아져 있다. 가고오는 세대에 모범이 되는 진정한 크리스천이라 할 수 있다.

이 책에서 강조하는 것은 우리 모두는 하나님의 부르심을 받고 이땅에 왔는데, 그것은 '하나님의 배달부'사명이라는 것이다. 배달부가 지금가지고 있는 물건은, 자기 것이 아니고 하나님의 것이며, 이것을 '하나님이 주라'하시는 장소나 사람에게 잘전달해야 한다는 것을 말하고 있다.

김원장님은 말이 아니라 실천으로 행동에 옮기고있다. 필리핀과 미국 시카고를 비롯하여 국내외로 한손에는 '육적 물품을 한손에는 영적 말씀을' 가지고, 선교지의 심신이 피곤한 선교사들에게 공급하고 있고, 한국에서도 하나님의 배달부 역활을 잘하고 있고, 미국의 시카고 임마누엘 기도원에서도 영육이 지친, 한인들의 목마른 영혼들을 위하여, 진리의 생수, 영생의 말씀을 배달하고 있다.

특별히 이 여종에게는 하나님께서 들려주신 "너는 나

의 배달부이다"라는 말씀을 굳게잡고 좌로나 우로나 치우치지 않고 오직 주님만보며 달려가는 주의 종이다. 우리 모두는 김순숙 목사님처럼 하나님의 배달부 사명을 잘감당하여 주님 앞에 서는 날 칭찬받았으면 좋겠다.

내가 이미 얻었다 함도 아니요 온전히 이루었다 함도 아니라 오직 내가 그리스도 예수께 잡힌 바 된 그것을 잡으려고 달려가노라 형제들아 나는 아직 잡은 줄로 여기지 아니하고 오직 한 일즉 뒤에 있는 것은 잊어버리고 앞에 있는 것을 잡으려고 푯대를 향하여 그리스도 예수 안에서 하나님의 부르신 부름의 상을 위하여 달려가노라(빌3:12-14).

추천의 글

송 일 현 목사
서울 보라성교회 담임목사
한국기독교부흥협의회 이사장

존경하는 김순숙 원장님의 책의 추천사를 쓰게되어서 영광으로 생각합니다. 이 책의 전체 흐름이 '하나님의 배달부'라는 사실에 놀라움을 금할 수 없다. 그리스도인이라면 누구나가 다 하나님을 만난 경험이 있을 것이다. 원장님이 초기 신앙생활에 경제적 몰락의 깊은 수렁 속에서 헤메이게 되었는데, 오른 쪽 눈의 실명이 왔고 병원에 갈 십만원이 전재산인데, 그것을 하나님께 드리며 '눈을 돌려주세요!' 애절하게 부르짖는 기도를 하나님이 들으시고, 기도한지 6개월만에 시력이 회복이 되었다.

하나님의 배달부로 만드시기위해, 하나님께서는 모진 시험과 시련을 주셨다. 그런데 더 안타까운 일은 지하실에 살던 막내아들이 삶과 죽음의 경계선에 있게 되었고, 모두다 살 가망이 없음을 느끼게 되었다. 김원장님은 세종병원 심장수술실 밖에서 통곡하며 기도를 했다.

"하나님 나는 아들을 땅에 묻고는 사역을 못합니다.
 아들을 살려주세요!"

자신의 눈이 실명되었을 때도 이렇게까지 간절하지는
않았을 것이다. 하나님께서는 원장님의 기도와 남편되시
는 권사님(당시)이 지하 이끝에서 저끝까지 뒹굴며 "하나
님 내아들 살려만 주시면 내가 주의종이 되겠습니다." 이
런 간절한 기도를 들으시고 하나님께서 살려주셨다.

욥이 당했던 죽음같은 고난과 시험은 하나님께서 욥을
죽이려는 것이 아니고, 그 고난이 지난후 축복을 주기 위
함이었던 것처럼, 원장님은 삶과 죽음의 경계선의 시험속
에서 승리를 얻었고 그 이후 하나님의 배달부 사역을 잘
하고 계신 것이다. 나또한 죽음의 경계선을 이미 넘었던
사람이고 오늘 하루 사는 것은 주님의 은혜이며 덤으로
사는 인생이라 생각하여 오늘은 이곳 내일은 저곳 복음을
증거하는 삶을 살고 있다.

김원장님의 가족의 삶과 나의 삶이 결코 다르지 않기

에, 가슴깊게 다가오는 '그 무엇'이 있다. 원장님의 책을 살펴보니 나또한 '하나님의 배달부가 아닌가?' 이 책을 통하여 배달부의 사명을 감당하지 못했던 많은 사람들이 제 모습을 찾으리라 생각한다.

주님을 향한 수십년의 사역의 결과는 한국의 세종임마누엘 금식기도원, 필리핀 라구나의 수양관, 미국 시카코 임마누엘 기도원을 이루어 놓았다. 원장님 혼자한 사역이 아니라 주님과 동행한 사역이며 하나님의 사역이고 이것은 결과적으로 '하나님의 배달부' 사역인 것이다.

배달물건은 '물질과 재물과 영적인 것'들이 있는데, 이것 또한 원장님의 것이 아니고 하나님의 것이니, 세상과 하나님 앞에서도 자랑할 것이 없으며 단지 주님 앞에 섰을 때, '하나님의 것을 잘 전달한 하나님의 종으로 칭찬을 받을 것을 확신한다.' 이런 귀한 하나님의 종을 만날 수 있으니, 이 또한 큰 기쁨이 아니랴!

오늘 원장님의 책을 읽으며 하나님의 말씀을 제대로 배달하는 목사가 되고 싶다.

추천의 글

소 치 영 목사

디모데 설교연구원 원장

지성과 영성을 겸한 목회자요, 기도원 원장이신 김순숙 목사님의 「너는 나의 배달부」 가 출간됨을 먼저 하나님께 감사드리며 진심으로 축하를 드리는 바입니다.

사실 김순숙 목사님께서 행해 오신 일들은 한권의 책으로 다 기록하기 어려울 만큼 사랑의 흔적들이 많습니다. 격동의 세월을 기도로 이겨낸 일들이며 사랑의 사도가 되어 사선을 넘나들며 사역한 일들은 듣는 이로 하여금 가슴을 뭉클하게 합니다.

하나님은 한 사람을 쓰시기 위해 먼저 연단하고 훈련하시지만 김순숙 목사님만큼 훈련되고 연단 받은 분도 드물지 않을까! 생각됩니다. 하지만 그 때마다 자신을 낮추고 엎드리며 기도로 문제를 해결하신 목사님은 결국 세종시에 금식기도원을 세워 한국교회를 일깨우다 지금은 한국을 넘어 필리핀과 미국 그리고 이제는 오스트레일리아에 기도원을 세우고 교회와 성도들의 영성을 일깨우고 계십니다.

한 사람의 일생을 평가할 때 "얼마나 잘 살았느냐?" 로 평가하지만 신앙적 입장에서 평가할 땐 "얼마나 하나님을 기쁘시게 해 드렸냐?" 로 평가 할 수 있는데 이 일에 가장 적합한 분이 세종 임마누엘 금식기도원의 김순숙 목사님이 아닐까! 생각합니다.

'어떻게 하면 하나님을 기쁘시게 해 드릴까?' 노심초사하며 하나님의 뜻을 구하는 모습이나, 기도하다 감동되면 바로 순종하여 자신을 먼저 드리는 자세는 보는 이로 하여금 감동하지 않을 수 없게 합니다.

다행이 이러한 목사님의 모습이 한권의 책으로 발간이 되어 읽는 이로 하여금 도전이 되고 주님을 닮아갈 수 있게 해 드린다는 측면에서 감사와 더불어 진심을 담아 환영하는 바입니다.

부디 많은 분들이 이 책을 읽고 주님을 조금이나마 좀 더 닮아 갔으면 하는 바람과 더불어 김순숙 목사님께서 오랫동안 주님의 기뻐하시는 사역들을 감당하시도록 건강을 기원하는 바입니다.

추천의 글

최 성 수 선교사
필리핀 라구나 칼라완 유향교회

책의 제목과 너무 잘 어울리는 김순숙 원장님이시다.

내가 원장님을 만난 것은 25년 전이다. 날마다 주님 앞에 무릎으로 시작하여 무릎으로 하루를 마감하시는 원장님의 모습을 보면서 정말 철저하게 하나님께 순종하는 사역자의 모범을 볼 수 있었다.

특히 개척교회의 목회자들과 선교사들에게 하나님의 배달부로서 주님의 말씀에 순종하며 사역자들을 섬기시며 배달하시는 모습에 많은 도전을 받게 되었다.

이 시대의 하나님께 부름 받은 목회자, 기도원장, 선교사 등 사역자들에게 '하나님의 일을 이렇게 하는 것이다.'라고 이야기하는 책으로서 꼭 읽어야 할 모범적인 필독서이다.

추천의 글

김 정 빈

서천 임마누엘 교회 담임목사

나의 영적인 어머니이며, 물심양면으로 저를 돕는 김순숙 원장님이 생애 첫 저서를 펴내게 되었다. 책 제목은 "너는 나의 배달부"이다. 김순숙 목사님은 현재 세종시 금남면 원봉리에 '세종임마누엘 금식기도원'을 지금으로부터 25년전에 세웠다. 지금 3000평 대지위에 기도원을 건축했고, 건전하게 사역하는 신실한 여종이다. 그리고 11년전에는 필리핀 '라구나 지역'에 지친 선교사들의 영,육의 회복을 위해서 '필리핀 임마누엘 수양관'을 세워서, 매월 마지막 주간에 직접 필리핀에 들어가, 부흥회를 열어 선교사들의 영, 육의 회복을 위하여 헌신한다.

그리고 4년전에는 미국 시카고에 한인들을 위하여 '시카고임마누엘기도원'을 시작해서 열심으로 사역을 하고 있다. 이 시대에 드문 신실한 여성 부흥사요 기도원 원장이다. 이러한 귀한 김원장님을 처음 만나게 된 계기가 있다.

지금으로부터 15년 전에 어느 기도원에 모목사님을 만나러갔다가, 그분은 집회 나가서서 못만나고 그 기도원에 강사로 오신 분이 지금의 김순숙 원장님이시다. 그때 만남의 계기가 되었다. 그후 몇 년간 교류가 없다가 군대 생활을 마치고 군산에서 교회를 개척했을 때, 원장님 계신 기도원에서 금식을 했다. 그때에 많은 사랑을 받게 되었고, 그후로 지금까지 좋은 교제를 나누고 있다. 나의 목회에 물심양면 도와주시고, 힘이 되어 주시고, 또 영적으로 '깊은 부분'을 말씀해 주시는 나의 '영적 멘토'이기도 하다.

　　김원장님은 하늘로부터 오는 감동을 절대로 외면하지 않으시고, 실행에 옮기는 분이다. 즉 책 제목 그대로 '하나님의 배달부' 역할을 너무나 잘하는 분이다. 그것이 물품이든 물질이든 그 어떤 것이든 하나님 명령만 하시면 그대로 실천에 옮기는 '하나님의 배달부'이시다. 이 모습이 존경스럽고 모든 기독교인들이 본받기를 원한다.

　　마태복음 6장 3절에서 4절에 "너는 구제할 때에 오른손이 하는 것을 왼손이 모르게 하여 네 구제함을 은밀하게하라 은밀한 중에 보시는 너의 아버지께서 갚으시리라"고 말씀하고 있는데, 원장님이야말로 남을 구제하거나, 남을 섬길 때, 남에게 자랑하지 않고 은밀히 행하시는 분이다. 즉 김원장님은, 자기가 베푸는 모든 것은, 자기의 것이 아닌 하나님의 것이며, 자기는 단지 '배달부'라는 것을 인식하고 있었기에 모든 것에 자유로울 수 있었던 것이다.

마음만 있고 행동에 옮기지 못한다면 그것은 '아무의미'도 '아무소용'도 없는 것이다. 마음에 먹은 것을 실천하는 모습을 보며, 그리스도의 모습을 원장님의 행동 속에서 엿볼 수 있었다. 데살로니가전서 1장 3절의 말씀 "너희 믿음의 역사와 사랑의 수고와 우리 주 예수 그리스도에 대한 소망의 인내를 우리 하나님 아버지 앞에서 끊임없이 기억함이니" 이 말씀대로 실천하시는 이 시대에 '영적 거인'이시다. 여성부흥사로서 이름도 빛도 없이 전국방방곡곡과 해외와 필리핀과 미국까지 다니시는 귀한 분이시고 성도를 돕고, 교회들을 돕고, 특히 주의 종 섬기는 데는 더욱 힘을 쏟으신다.

원장님의 도움을 받은 목회자는 헤아릴 수 없이 많다. 차가 필요한 분에게는 차를 공급하시고 보증금이 없어서 울고있는 목회자들에게는 보증금을 채워주시고, 특히 목사님들을 살피시는데 탁월한 분이시다. 주기를 기뻐하고 나누기를 좋아하시는 분이다. 이런 모습이 많은 목회자들에게 도전이 되고 귀감이 된다고 생각한다.
이번에 이 책을 통하여 많은 분들이 도전을 받으며, 많은 목회자들도 원장님과 같이 '하나님의 배달부' 역할을 잘했으면 좋겠다고 생각한다.

목 차

1장

장

나의 출생과 하나님의 섭리

나의 출생과 아버지

나는 충청남도 보령군 웅천면에서 부유한 교육자의 집안에서 7남매 중에 셋째로 태어나게 되었다. 할아버지는 고을에서 '천석지기' 부자로 사셨으며 부유했기 때문에 아버지나 작은 아버지가 공부하는데 어려움이 없었다. 아버지 성함은 김정덕이다.

아버지는 일제 강점기때 25세에 중고등학교 교장을 하셨다. 경성사범대를 졸업하고 일본의 와세다대와 동경제대를 국비 장학금으로 다니셨는데 작은아버지 역시 국비 장학금으로 일본의 같은 학교에 유학을 하셨다.

나는 양친부모의 따뜻한 사랑과 예절을 부모님으로부터 잘 교육받았다. 그것은 당시 뿐만아니라 지금까지도 내 마음속에 아로새기게 된 것이다.

우리 가정은 기독교 가정이 아니었다. 유교와 불교를 섬기고 있었다. 그러나 어려운 이웃을 섬기고 돌보는 것은 남다르게 지극정성이었다. 이것은 할아버지 때부터 행해오던 것이었다. 남들이 말할 때, 학자 집안이요 또 어려운 이웃을 위하여 베푸는 다시 말해 존경받는 가정이라고 말해야 할 것이다.

오늘날 예수는 믿지만 생활이 불신자들보다 못한 사람이 많아서 지탄을 받는데 할아버지 아버지 어머니는 어려운 이웃을 생각하고 베푸는 그리스도의 정신을 갖고 계셨다

어머니의 이웃에 대한 사랑

우리는 조상 대대로 유교와 불교를 신봉했고 어머니는 절에 많이 다니셨다. 집에는 많은 머슴과 주모가 거주하고 있었다. 한해 농사지은 것을 거두어 드릴 때는 작년의 '노적가리'가 쌓여있었다. 그만큼 많은 농사를 지었던 것이다. 할아버지 때부터 학자 집안이었고 부유했고 인정이 많은 집안이었다. 그래서 베풀기를 좋아하셨다.

믿지 않았을 때, 할아버지 때부터 곳간을 열어 베푸는 것을 즐겨 하셨다. 그리고 나의 어머니는 올해 3월에 돌아가셨는데 가을에 농사지으면 팥떡 같은 것을 많이 만들어 지나가는 나그네와 이웃에게 선행을 했다.

그 어머니의 심성이 나에게 전달되어 선교지의 영혼들과 이웃에게 사랑을 베풀게 되었다. 부모가 인색한 삶을 살면, 자녀들도 그럴 확률이 많으며, 부모가 이웃에게 사랑을 베풀고 살면 자식들도 그런 사람이 되는 것이다. 나는 전혀 베푸는 삶을 살지 않는데, 자식에게 그런 베푸는 삶을 기대한다면 뭔가 잘못 생각을 하는 것일 것이다.

그리고 특이한 점은 어머니가 딸들만 계속 출산하였는데 다섯 번째 아들을 낳았을 때(추석 즈음) 7일간이나 이웃을 위하여 잔치를 베풀었다.

하나님의 배달부

　'천석지기'였던 할아버지는 당시의 어른들이 가지고 있던 '하늘을 공경하고 사람을 사랑하는' 경천애인의 사상을 갖고 있었을 것이다.

　'경천애인' 사상은 공자의 핵심 사상이기도 하다. 하나님을 사랑하고(경천) 이웃을 사랑하라(애인). 할아버지와 아버지, 어머니는 '나에게 준 복은 하늘이 내려주신 것이며 이 물질 역시 가난한 이웃을 위하여 사용해야 한다'는 것을 알고 있었기에 유교와 불교의 가르침으로 실천했던 것이라 볼 수 있다.

불교의 자비는 '중생에게 행복을 베풀며 고뇌를 제거해 주는 것'을 가리키는 말이다.

할아버지 때를 지나 아버지, 어머니 때에 이르러서도 '하늘이 내린 재물은 하늘의 것'이라 생각했고 그것으로 배달부의 역할을 충실히 하셨으며 어머니는 신앙 안에 들어와서는 무엇이든지 배달부의 역할을 충실히 했으며 내 때에 이르러서는 하나님의 바른 진리로 '배달부'의 사명을 올바로 인식하게 되었다. 나나 너나 할 것 없이 '하나님의 배달부'라는 사실을 망각하면 안 될 것이다.

나는 하나님의 말씀의 배달부이며 물질의 배달부이고 치유의 배달부이다.

2장

나의 결혼과 시어머니의 신유사역

결혼과 걸음마 신앙생활

하나님의 영원 전 섭리와 뜻에 의하여 나는 장로님 가정의 둘째 며느리로 시집을 오게 되었다. 나는 지금까지 하나님을 몰랐고 유교와 불교의 가정에서 자라고 성장했는데 기독교 가정 그것도 장로님 가정에 오게 된 것이다.

이것은 분명 깊으신 하나님의 뜻이 있는 것이다. 참새 한 마리도 하나님의 뜻이 아니면 떨어지지 않는다고 했는데 결혼이라는 것은 이보다 더욱 큰 중대사가 아닌가?

나의 남편은 직장에서 소개로 만나게 되었다. 그리고

나는 시댁이 예수님을 잘 믿는 가정이라는 것을 알고 시집갔다. 그리고 장로님 가정의 예를 따라 신앙생활을 하게 되었다. 그런데 그때는 남편이 신앙생활을 안하고 낚시에 낙을 삼고 있었다.

나는 부부들이 예배당에 오는 모습을 보며 '나도 남편과 예배를 드렸으면 좋겠는데'하는 생각을 가졌다. 비록 신앙생활을 한지는 얼마 안 되었어도 나도 모르게 조금씩 신앙이 자라기 시작했다.

형제들아 우리가 너희를 위하여 항상 하나님께 감사할지니 이것이 당연함은 너희의 믿음이 더욱 자라고 너희가 다 각기 서로 사랑함이 풍성함이니(살후1:3).

시어머니의 신유사역과
내가 받은 방언의 은사

내가 결혼한 지 6개월 되었는데 시어머니는 '신유사역'을 가정집에서 하고 있었다. 시아버지는 장로님이셨고 시어머니는 신유은사와 더불어 예언의 은사가 강하셨다. 그때 나는 '신기하다'라고 생각을 했다. 하나님이 하시는 모든 일은 신기하고 경이로운 것이 아니겠는가? 나는 '싫지 않고 좋아 보였다' 그러면서 그러한 하나님의 은혜를 부러워하게 되었다.

성도들이 집에 많이 오셨고 그곳에서 제단을 쌓고 예배를 드렸다. 그때 어머니가 예배를 인도하셨다. 그날 하나님께서 나에게 방언의 은사를 허락하셨다.

그들이 다 성령의 충만함을 받고 성령이 말하게 하심을 따라 다른 언어들로 말하기를 시작하니라(행2:4).

나에게 성령님이 오신 것이다. 방언은 기독교 안에서 중요한 역할을 한다.

우리 한국의 개혁파 장로교회는 화란개혁파의 영향으로 2천년 전 초대교회의 성령의 역사는 당시 단회적이었다고 주장을 했었다. 그런데 이제는 그런 주장을 하기에는 성령의 역사가 너무나 강하게 나타났기에 그런 주장은 무리가 있다.

2천년 전에 역사하시는 성령이 오늘날이라고 나타나지 않을 이유가 무엇이 있겠는가? 주님은 어제나 오늘이나 동일하신 분이고, 2천년 전의 주님은 바로 오늘의 주님인 것이다. 하나님의 역사를 신학자들의 생각의 잣대로 판단을 할 수 없는 것이다.

예수 그리스도는 어제나 오늘이나 영원토록 동일하시니라
(히13:8)

그리고 방언의 문제는 여러 신학자들의 해석에 따라 틀려지는데 우리는 신학자들의 해석에 맡길 것이 아니라 성경으로 해석을 해야만 바른 해석이 될 것이다.

2천년 전의 바울은 이렇게 말하고 있다. 사도행전 19장 6절에 "바울이 그들에게 안수하매 성령이 그들에게 임하시므로 방언도 하고 예언도 하니 모두 열두 사람쯤 되니라"고 말씀하고 있다. 즉 방언을 받았다는 것은 성령이 임함으로 나타나는 현상인 것이다. 이것이 성경에서 말하는 정확한 해석이 될 것이다.

하나님께서 시어머니의 집회를 통해서 성령의 세례를 받게 하신 것이다. 내가 처음 시집와서 6개월 되었을 때 내게 부어주신 성령의 역사였다. 내가 방언을 받겠다고 '부르짖고 때를 쓴다'고 주는 것이 아니라 하나님이 부어주셔야만 가능한 것이다. 불신자의 가정에서 오랫동안 찌든 나를 하나님의 도구로 사용하시려고 빠르게 변화시키시고 있었다.

시집오기 전까지 하나님을 모르던 나를 하나님께서는 만지시고 다듬기 시작했던 것이다. 내가 하나님을 찾은 것이 아니요 하나님이 나를 택하시고 만나주신 것이다. 전능하신 하나님을 인간 스스로는 평생 찾을 수 없는 분이다. 그분이 우리를 만나주시고 택해주서야만 만날 수 있는 것이다.

요한복음 15장 16절에 "너희가 나를 택한 것이 아니요 내가 너희를 택하여 세웠나니 이는 너희로 가서 열매를 맺게 하고 또 너희 열매가 항상 있게 하여 내 이름으로 아버지께 무엇을 구하든지 다 받게 하려 함이라"고 말씀하고 있다.

내가 받은 방언의 은사는 점점 하나님의 세계로 들어가는 통로의 역할이 되었다. 우상숭배하던 가정에서 자란 나를 장로님 가정에 보내서서 바쁘게 하나님이 작업을 했던 것이다. 나는 방언을 통해 신기함을 느꼈고 그것이 기도의 통로가 되었을 뿐 아니라 점점 하나님의 깊은 은혜에 빠져들어가게 되었다.

그때 어머니가 하는 신유의 사역이 이해가 되었고, 꿈으로 하나님께서 천국과 지옥도 보여주셨다. 또 장래의 일어날 일도 알려주셨다. 그리고 사탄은 어떻게 우리를 공격하는지도 알려주셨다. 어린아이 같은 신앙의 소유자인 나에게 꿈으로 많이 알려주셨다.

외부 사람들이 볼 때에는 시집온 지 얼마 안되는 새댁이 '참 믿음이 좋다'라고 생각했을 것이다. 또 그렇게 말들을 했다. 그리고 나름대로 하나님께서 보여주신 내용들을 마음에 간직하게 되었다. 조금씩 믿음의 세계로 진입하게 되었다.

그런데 지나놓고 보니 모든 것이 하나님의 영원전 계획과 섭리였음을 알게 되었다. 내가 이 가정에 시집오고 싶어서 온 것이 아니고, 하나님이 보내셔서 왔으며 시어머니를 통해 은혜와 은사를 사모하게 되었고, 6개월 만에 방언의 은사를 받게 되었다. 나의 의지대로 된 것은 하나도 없고 하나님이 하신 것이었다. 내가 조금씩 하늘의 세계로 진입하는 것도 내가 할 수 있는 것이 아니요 하나님이 나를 그렇게 인도하시니 가능했던 것이다.

예전에는 정말 몰랐지만 신앙의 세계에 들어와 보니 그분이 나의 모든 사역속에 감독이 되어서 진행하셨음을 알게 되었다. 그저 감사만 넘칠 뿐이다.

하나님의 배달부

이제 하나님께서는 나를 하나님의 배달부로 쓰시려고, 믿지 않던 가정에서 믿음의 가정에 시집오게 하셨다.

시어머니의 신유의 사역이라는 것은, 하나님의 치료의 은사를 환자들에게 나누어주는 것이 아닌가? 즉 신유라는 것도 시어머니의 것이 아니고 원래 하나님의 것이었다. 그런데 요즘 신유의 사역이 마치 자기에게서 발생한 것처럼 행동하는 자들이 많이 있음을, 내가 기독교 안에 들어와서 보니 알았다.

마태복음 7장 22절에서 23절의 말씀에 "그날에 많은 사람이 나더러 이르되 주여 주여 우리가 주의 이름으로 선지자 노릇을 하며 주의 이름으로 많은 권능을 행하지 아니하였나이까 하리니 그때에 내가 그들에게 밝히 말하되 내가 너희를 도무지 알지 못하니 불법을 행하는 자들아 내게서 떠나가라 하리라"고 말씀하고 있다. 여기서 주의 이름으로 선지자 노릇하는 것이나, 주의 이름으로 권능을 행하는 것 등은 우리 사역자 자신에게서 발생 된 것이 아닌 하나님으로부터 온 것이다.

인간이 할 수 있는 것은 아무것도 없고, 하나님의 말씀에 순종해서 일하는 것밖에 없는 것이다.

또한 병 고치는 은사도 어느 한 개인의 소유가 아닌 하나님의 것이다. 그런데 마치 병 고치는 것, 귀신을 쫓는 것, 영적 은사들이 자기에게서 나온 것으로 착각하고 사용하다가 하나님의 심판대 앞에서 다 드러나게 될 것이다.

나는 당시에는 몰랐다. 시어머니가 행하시는 '신유은사'의 깊은 의미를, 그리고 하나님으로부터 사명 받은 은사자는 훗날에 심판이 있다. 물론 모든 사람이 죽은 후에 심판은 있다. 내가 어머니의 은사 활동이 싫지 않고 좋아보였던 것은, 이미 하나님께서 그런 사역자로 삼으시려는 오래전 계획이 있었던 것이다.

특별히 '신유은사' 사역자는 병 고치는 능력을 하나님으로부터, 배달받은 것이기 때문에 최선을 다해서 사역에 임해야 한다. 배달자는 능력자가 아니다. 단지 배달부이다. 중매쟁이는 단지 중매자이고 결혼상대자가 아니다. 배달부가 신분을 망각하여 도둑이 되면 안될 것이고, 중매쟁이가 신랑이나 신부가 탐이나 가로채면 큰 심판을 받게 될 것이다.

당시 단지 어머니의 은사 사역이 부러워, 기도하며 간구했지만 '신유은사' 사역자의 배달부 역할은 인식하지 못하던 시절이었다.

3 장

나의 기도 제목과 친정어머니의 의문점

어머니에게 주셨던 그 은혜, 내게도 주세요

나는 어머니가 행하시는 은사 사역이 싫지 않고 좋아 보였으며 '나도 하고 싶어' 하나님께 기도를 했던 것이다. 물론 내가 어떤 은사를 사모해 '기도하고 부르짖어도' 내게 합당한 것이 아니면 아무 소용없는 것이다.

나의 기도와 하나님의 뜻이 부합되었을 때에만 하나님의 뜻을 이룰 수 있을 것이다. 나는 시집와서도 '돈을 많이 벌고 잘사는' 그런 것보다는 '어머니의 사역'이 마음에 들어, 하나님께 간절히 부르짖었다.

그러나 분명한 것은 나의 기도 제목이, 내가 만들어 낸 것이 아니고 하나님이 내게 준 기도의 제목이었다. 구약의 요셉이 어린 시절 훗날에 애굽의 재상이 될 꿈을 꾸게 되는데, 이것은 요셉이 꾼 꿈이 아니라 하나님께서 '애굽의 총리'가 될 것을, 하나님께서 두 번이나 꾸게 하신 것이다.

　　요셉이 꾼 꿈은 요셉의 꿈이 아니라, 하나님의 꿈이었다. 다시 말해 내가 어머니처럼 '은사자가 되게 해달라'는 것은 나의 뜻과 계획이 아닌 '하나님의 꿈이며 희망'이었던 것이다. 우리가 무슨 문제를 놓고 깊이 기도할 때, '무엇이 하고 싶을 때'는 하나님의 깊은 뜻이 숨어있기 때문에 분별하는 지혜가 필요하다.

　　결국 그런 기도를 하나님께서 시키시더니 시어머니가 '걸었던 길'을 오늘까지 걷고 있다.

친정 어머니의, 나에 대한 의문점

친정 어머니와 나는 예수를 안 믿었을 때에도 남을 구제하는 사역을 했었는데, 어머니가 말씀하시기를 나를 '특별하다'라고 생각을 하셨다. 어머니는 '왜 쟤는 더럽고 가난하고 못 먹고 초라한 아이들을 보면 피해야 하는데, 그런 아이들을 보살필까?'

"네가 집안에 그런 아이들을 한방에 몰아놓고 씻기고 귀 파주고, 옷 사주고, 깨끗하게 해서 보내곤 했다"라고 어머니가 말씀하셨다.

"그러더니 이제는 오늘날 병든 환자들과 힘들고 어려운 사람들을 돌보는 사역을 하는구나!"라며 지난날의 말씀을 하셨다.

어머니는 나중에 하나님 품에 돌아오셨고 권사 직분까지 갖고 있었으며 얼마 전 하나님의 부르심을 받았다. 예수 안 믿을 때도 어머니는 남을 향해, 큰 것으로 나는 조그만 것으로 봉사했던 것이다. 어머니는 딸에 대한 의문점이 나중에 내가 결혼하고 또 하나님 안에 어머니가 돌아오시고 하면서 모든 의문점이 해결 되었던 것이다.

어머니 마음속에 남을 향한 구제의 마음이나 나의 구제는, 우리가 주체가 아니며 하나님이 주체였던 것이다. 하나님이 구제의 마음을 우리에게 주시지 않았다면 아무도 주님의 뜻을 이뤄드릴 수 없을 것이다.

구제를 좋아하는 자는 풍족하여질 것이요 남을 윤택하게 하는 자는 자기도 윤택하여지리라 곡식을 내놓지 아니하는 자는 백성에게 저주를 받을 것이나 파는 자는 그의 머리에 복이 임하리라 선을 간절히 구하는 자는 은총을 얻으려니와 악을 더듬어 찾는 자에게는 악이 임하리라 자기의 재물을 의지하는 자는 패망하려니와 의인은 푸른 잎사귀 같아서 번성하리라(잠12:25-28).

하나님의 배달부

나의 할아버지나 또 아버지, 어머니는 한 해 추수한 후 곳간의 곡식들을 바라보면서 '이런 물질들은 하나님의 것'으로 생각했을 것이다.

하늘이 비를 내리지 않으면 결코 수확을 할 수 없는 '천수답'의 논들을 우리 조상들은 가지고 있었고, 비록 유교와 불교의 가정이었지만, '하늘을 공경하고 인간을 사랑하는' 유교 공자의 사상과 불교의 자비 사상을 소유하고 있었으며, 그때에도 이미 하나님은 살아계셔 할아버지, 아버지, 어머니 속에서, 남을 향한 긍휼한 마음을 갖게 하셨다. 하나님은 영원 전부터 영원까지 살아계신 분이다. 즉 하나님은 할아버지, 아버지, 어머니 때를 지나 나의 때에 하나님의 자녀가 될 것을 알고 계신 분이며 또 하나님의 배달부로 택하신 것이다.

곧 창세전에 그리스도 안에서 우리를 택하사 우리로 사랑 안에서 그 앞에 거룩하고 흠이 없게 하시려고 그 기쁘신 뜻대로 우리를 예정하사 예수그리스도로 말미암아 자기의 아들들이 되게 하셨으니 이는 그가 사랑하시는 자 안에서 우리에게 거저 주시는바 그의 은혜의 영광을 찬송하게 하려는 것이라(엡1:4-6).

여기서 중요한 사실은 '내가 하나님의 배달부가 되고 싶다'고 해서 배달부가 되는 것이 아니라 하나님이 '배달부'로 선택해야만 가능한 것이다. 예를 들어 우체국의 편지 배달하는 직원이 있는데, 자기가 그 일을 하고 싶다고 해서 배달부가 되는 것이 아니라, 소정의 시험에 합격해서 자격을 얻어야만 하는 것이고, 요즘 많이 이용하는 택배가 있는데 이 역시 그 회사 기준에 적당하고 소정의 시험에 합격해야 택배기사가 될 수 있다.

하물며 세상의 택배 직원도 이와 같은데 하늘나라의 택배기사는 더 까다로울 것이다. 즉 자기가 하나님의 배달부를 하고 싶다고 해서 할 수 있는 것이 아니고 하나님의 허락과 선택이 만세 전에부터 있어야만 가능한 것이다. 그렇지 않는 경우에는 하나님이 남에게 전달하라고 하는 배달물건을 훔치는 구약의 '아간'과 같은 자가 될 수 있다.

4장

사역의 길로, 인도하시는 하나님

만세전에 택함받은 나와 시어머니의 응답

내가 믿지 않는 가정의 사람이었기 때문에 장로님 가정에서는 보통 문제가 아니었다. 그래서 시어머니가 하나님께 40일 작정 기도를 하셨다. 37일째부터 하나님의 응답이 쏟아졌다.

"만세전에 택한 나의 여종이다. 데려오라!"

37일째, 39일째, 40일째 연속해서 하나님이 말씀하셨다.
내가 하나님을 선택하는 것이 아니고, 하나님이 나를 선택한 것이다. 당시에는 몰랐지만 하나님이 택하여 자녀 삼으시고 주의 종으로 삼아주신 것에 깊은 감사를 드린다. 예수님의 제자들도 선택함을 받은 것이요, 바울도 선택받은 주의 종이요 역시 나도 하나님의 선택함을 받은 종이었다.

하나님의 부르심과 주의 종의 선택은 신앙안에서 정말 중요한 사건이다. 하나님의 선택없이 주의 종을 하는 사람처럼 위험한 것은 없다. 오늘날 이런 사람들이 많이 있음을 부인하지 못할 것이다. 하나님의 택함이 없는 자들은 주의 길을 가다가도 갈등을 많이 하고 흔들리는 경우가 많다. 그러나 분명 하나님이 부르셨다면 주의 길을 가다가 힘든 상황이 오지만 주님의 은혜로 잘 헤쳐 나갈 수 있는 길을 주신다.

나중에 시어머니로부터 "만세전에 택한 나의 여종이다. 데려오라!"는 주님의 말씀을 전해줄 때, 참으로 하나님께 감사했고 감격했다. 불신 가정 중에 출생해 하나님을 모르고 평생살다가 죽어, 지옥으로 갈 수 있는 나인데, 하나님께서 나를 사랑하셔서 이미 만세전에 택하시고 주의 종으로 삼으셨다는 사실 앞에 감격하여 가슴이 먹먹할 뿐이다.

모든 것은 하나님이 하시는 것이요, 모든 사역을 주님이 하시는 것이다. 시어머니나 나는 오직 영원하신 하나님의 배달자일 뿐이다. 하나님이 신유의 은사를 주시면 배달자로서 잘 전달하면 될 것이요, 하나님이 물질을 주시면 누군가나 어느 장소에 잘 배달하여 사역하면 되는 것이다.

하나님이 만세전에 나를 택하심은 누군가에게 군림하라고 하신 것이 아니요 단지 배달자로서의 사명을 다하라고 하심이다. 그런데 오늘날 많은 주의 종들과 목사님들이 배달자의 역할을 망각하고 누리고 있는 모습을 볼 때 안타까운 마음 금할 길 없다.

가정의 경제적 몰락과 하나님의 섭리

당시 남편은 금융기관에 근무하고 있었다. 이른 나이에 이미 높은 직책을 갖고 있었다. 그런데 가까운 분의 보증을 선 일로 인하여 그 직장을 그만두어야 했다. 가슴 아픈 일이지만 어쩔 수 없었다. 남편이 일찍 출세했기에 나도 같이 높임을 받았고 행복한 생활을 이어갔었다. 내가 알고 있는 남편은 머리가 뛰어났고 부모에게 지극정성을 다하는 효자였다.

우리 가정은 하루아침에 경제적으로 몰락하게 되었다. 남편이 직장을 잃어버렸기에 힘들게 훈련받았던 날이 많았다. 그때 깊이 깨달은 것은 '어떤 상황에 처하든지 일자리가 있는 것이 복이었는데' 우리는 욕심에 져서 더 좋은 것, 더 높은 것들을 바라보다가 하루아침에 부도 사건으로 몰락하게 된 것이다. 우리는 완전히 가라앉게 되었다.

다만 이뿐 아니라 우리가 환난 중에도 즐거워하나니 이는 환난은 인내를, 인내는 연단을, 연단은 소망을 이루는 줄 앎이로다 (롬5:3-4).

그런과정 속에서 하나님이 나를 기도의 사람으로 키우시고 연단을 시키셨다. 왜냐하면 기도하지 않으면 살아갈 수 없는 상황이었다. 나는 교회에서 기도대장으로 소문이 났었다. 삶이 지치고 힘드니까 교회가서 기도하면 '황소울음'을 방불케 했다. 너무 기도에 몰두하니까 다른 사람들이 나의 기도에 눌려 못하겠다는 소리도 들어야 했다.

우리 가정이 경제적 몰락을 한 것은 깊으신 하나님의

뜻과 섭리가 있었다. 우리가 세상에서 잘 먹고 잘사는 것에 목표를 둔다면 안 믿는 사람과 무엇이 다르겠는가 하나님께서는 우리 가정에 더 많은 하늘의 보화를 주시려고 경제적 몰락을 가져오게 하신 것이다. 만약에 세상의 풍파가 없었다면 남편도 목사가 되지 않았을 것이며 나 역시 남편의 그늘에서 인간의 행복을 추구하면서 살았을 것이다.

요셉이 어린 나이에 애굽의 노예로 팔려가고 억울한 누명을 쓰고 감옥에 들어갔지만 그것으로 그의 삶이 끝난 것이 아니고 애굽의 총리가 되는 과정이었던 것처럼, 우리 가정의 고난과 고통은 하나님이 우리를 경제적 몰락을 주어서 망하게 하심이 아니요, 이런 환난과 고통을 통하여 '하나님의 배달부'로 사용하시기 위한 하나님의 귀한 뜻이 있었던 것이다. 이것은 우리 가정에 주는 하나님의 축복이었다.

당시는 슬프고 고통스러워 몸부림치며 기도했다. 하나님의 깊은 섭리 가운데 당하는 고난이었음을 알았을 때는 조금 시간이 지난 후였다. 인생의 모든 것은 하나님이 판을 짜놓고 훈련 시키고 있음을 우리는 알아야 한다.

보리밭에서 부르짖는 기도소리와 응답

나의 기도 소리가 다른 사람들의 방해가 되어, 찾은 곳이 보리밭이었다. 주님에게 내 마음을 털어놓고 기도하는데 장소가 따로 필요 없었다. 얼굴을 보리밭에 파묻고 기도를 했다. 또 보리를 다 베고 났을 때는 기도의 장소가 없어서, 지나가다 들렸던 화장실이 기도처소가 되었다. 화장실에서 몇시간씩 기도를 했다.

기도가 없으면 하루도 살아갈 수 없었던 시절이었다. 이일로 말미암아 더 가까이 하나님께 가게 되었다. 기도할 때 앞으로 '미래의 사역'을 하나님께서 보여주셨다.

그중에 하나가 내가 미국에 갔고, 비행기에서 내렸을때, 양쪽으로 별을 달은 장성들과 사람들이 악기를 동원해서 나를 환영해 주었다.

이일은 30년전에 기도할 때 하나님이 보여주신 환상이었다. 당시 생각하기를 '나같은 애기엄마, 이름없는 며느리가 언제 미국가서 장성들의 환영을 받을까, 그리고 미국에가서 살까?'했는데 그후로 30년이 지난 2015년에 시카고에 기도원이 세워지게 되었다.

내가 하는 일은 하나님이 하시는 일이셨다. 하나님은 전능자이시기 때문에 우리의 앞날을 미리 예비해 주시고 일을 진행하신다. 시집와서 애기낳고 살던 나를 택하여, 기도의 세계로 몰아놓으시고 앞에 될 일을 보여주신 것이다.

하나님은 자신의 일을 진행 시키기 전에, 미리 우리를 훈련 시키시고 기도를 시키는데 나 또한 예외가 아니었다. 기도하지 않으면 안될 상황을 만드시고, 기도하면 그때 응답하시곤 했다.

이르시되 기도 외에 다른 것으로는 이런 종류가 나갈 수 없느니라 하시니라(막9:29).

주변 국가의 흥망성쇠와 지도자들의
죽음을 예언함

　　북한 김일성의 죽음과 일본 천황이, 나의 초창기 사역할때 죽었는데, 그들의 죽는 순간, 분초까지도 하나님이 말씀해 주셨다. 김일성은 하나님을 믿는 가정, 어머니 강반석의 아들로 태어났고 외증조부 강양욱 목사도 있었지만 결국은 공산주의를 신봉하다가 죽었고, 일본 천황도 스스로 하나님 역할을 하다가, 하나님이 부르셔서 갈 수밖에 없는 존재가 되고 말았다.

　　하나님께서는 부족한 여종을 통하여 김일성과 일본 천황의 죽음을 알려주셨다. 이 또한 하나님께서 나라와

민족과 주변 국가를 위하여 기도하라는 하나님의 뜻인줄
안다. 지금도 나라와 민족과 주변 국가를 위하여 기도하
고 있다.

우리나라는 오랜 옛날부터 일본의 임진왜란때의 침략
과 중국과 러시아의 침략의 대상이 되었다. 결론적으로
주변 국가들은 우리나라가 남북통일되는 것을 반대하며,
자기 나라가 처한 유리한 입장에 따라 해석하고 호시탐
탐 엿보고 있는 것이다.

그래서 1950년 한국전쟁으로 남과 북은 허리가 잘리
고 고통 가운데 있다. 분명 우리 대한민국은 강대국들의
손에 운명이 달려있는것 같지만, 하나님께서 대한민국을
붙잡고 있기 때문에 아직 건재하고 있는 것이며 분명 하
나님이 보호하셔서 남과 북이 복음으로 통일되는 날이
올 것을 확신한다.

나라와 민족을 위한 기도는 나에게만 주어진 사명이
아니고 대한민국의 모든 성도에게 허락하신 기도 제목임

을 믿는다.

나의 형제 곧 골육의 친척을 위하여 내 자신이 저주를 받아 그리스도에게서 끊어질지라도 원하는 바로라(롬9:3).

하늘나라의 주님이 말씀하시는 십일조

　1990년경인데 강단에서 설교가 끝나고, 영혼이 하늘의 세계로 가게 되었다. 육체는 죽은 자같이 뻣뻣해졌고 가슴만 살았는데, 당시 친정어머니가 예수님 안에 처음 들어왔을 때였다. 어머니가 집회에 처음 참석했다가 딸의 죽은 장면을 보게 되었다. 딸이 강대상에서 영이 빠져나간 상태가 되어버린 것이다.

　어머니가 딸이 죽은 줄 알고 우는 소리가 녹음테이프(3시간 30분) 안에는 담겨져 있었다. 그런데 특별히 주님이 하신 말씀이 있었다.

"너는 각 교회와 기도원과 세계를 다니면서 십일조를 바로 가르쳐라! 온전한 십일조는 봉급 받은 전체의 10분의 1을 드리는 것이며, 그리고 결혼식의 축의금의 십일조를 드려라. 장례식장의 조의금의 십일조를 드려라! 축하객과 조문객을 보낸자가 바로 나다."

주님이 내게 부탁하신 말씀이라, 그 이후에 부흥회 나가는 곳에서 이 십일조에 대하여 가르쳐왔고 지금도 역시 실천하고 있다.

사람이 어찌 하나님의 것을 도둑질하겠느냐 그러나 너희는 나의 것을 도둑질하고도 말하기를 우리가 어떻게 주의 것을 도둑질하였나이까 하는도다 이는 곧 십일조와 봉헌물이라 너희 곧 온 나라가 나의 것을 도둑질하였으므로 너희가 저주를 받았느니라(말3:8-9).

너를 순교자의 반열에 세울 것이다

주님이 말씀하시기를 "내가 너를 순교자의 반열에 세울 것이다"라고 말씀했다.

당시 여성 목회자 10명의 순교자 반열에 내가 아홉 번째였다. 관 위에 '김순숙이라는 이름'이 새겨져 있었다. 그리고 "순교하면 대한민국 큰 태극기로 관을 덮을 것이다"라고 말씀하셨다.

그러면서 관뚜껑이 열려서, 유관순이 입었던 것과 같은 흰 저고리에 검은 치마, 흰 고무신, 흰 버선, 옆구리에

는 성경책, 머리는 현재의 쪽 머리였다. 한발을 관에 넣었더니

주님이 하시는 말씀이
"아직 너는 천국에 올 때가 안되었다. 너는 마음껏 내 복음을 전하다가 너를 부르는 날, 내 곁에 와야 한다."

그래서 나는 관에서 발을 뺐다.
그래서 평생 이 머리를 하고 있는데, 이것은 '나실인의 머리'라고 말씀하셨다.

즉 하나님께서 "나실인과 순교자의 반열에 세울 것이다"라고 말씀하셨다. 나실인이 되던 순교자가 되던 이 모든 것은 하나님으로부터 나온 것이다. 나실인이란 '구별된자'라는 뜻으로 세상과 단절하고 구별하여 하나님께 드리는 자이다. 사사 삼손이 있고, 선지자 사무엘 등이 있다. 세가지 금하는 규례가 있는데, 포도나무의 소산물과 독주를 마시지 않고, 시체를 가까이하지 않고, 서원기간 동안 머리에 삭도를 대지 않는 것이다.

그리고 순교란 내가 하고 싶어서 하는 것이 아니다. 요한계시록 6장 11절에 보니 "각각 그들에게 흰 두루마기를 주시며 이르시되 아직 잠시동안 쉬되 그들의 동무 종들과 형제들도 자기처럼 죽임을 당하여 그 수가 차기까지 하라 하시더라"고 말씀하고 있다. 순교는 그 수가 있다는 것이다. 하나님이 정해놓은 숫자가 있는 것이다. 나 같은 경우는 여성 목회자 10명중에 아홉 번째이다.

예수님의 제자들도 모두 순교했고, 사울이며 바울인 사도도 순교했으며, 베드로는 지난날 주님을 배신한 그 것을 속죄하느라 십자가에 거꾸로 매달려 순교했다. 이런 순교자들은 세상을 초월한 믿음의 사람들이다. 이러한 자들에게 하나님의 크신 축복이 있을 것이다.

여자들은 자기의 죽은 자들을 부활로 받아들이기도 하며 또 어떤 이들은 더 좋은 부활을 얻고자 하여 심한 고문을 받되 구차히 풀려나기를 원하지 아니하였으며 또 어떤 이들은 조롱과 채찍질뿐 아니라 결박과 옥에 갇히는 시련도 받았으며 돌로 치는 것과 톱으로 켜는 것과 시험과 칼로 죽임을 당하고 양과 염소의 가죽을 입고 유리하여 궁핍과 환난과 학대를 받았으니 (이런 사람은 세상이 감당하지 못하느니라)그들이 광야와 산과 동굴과 토굴에 유리하였느니라(히11:35-38).

나실인과 순교자의 사명을 감당하기 위하여

　이 사명을 받았을 때, 가족에게서 떠나야 했다. 내게는 어린 아들 셋과 젊은 남편과 부모 형제가 있었다. 나의 사역 초창기 때이며, 당시 30대 후반부터 40대 초반 시절이다. 그때 하나님이 주신 땅이 '지금 세종 임마누엘 금식기도원'이다. 이불 봇짐 하나와 성경책 한 권 가지고 왔다.

이에 예수께서 제자들에게 이르시되 누구든지 나를 따라오려거든 자기를 부인하고 자기 십자가를 지고 나를 따를 것이니라 누구든지 제 목숨을 구원하고자 하면 잃을 것이요 누구든지 나를 위하여 제 목숨을 잃으면 찾으리라(마16:24-25).

오갈 데 없는 신세와 나의 눈의 실명

　내가 시집올 때에는 큰집으로 왔고, 남부럽지 않는 상황이었는데, 이제 졸지에 빈 털털이가 되었다. 가까운 사람의 부도로 말미암아 직격탄을 맞았고 이제는 때 거리까지 걱정하며 살아야 했고 그 충격으로 인해 내 한 눈이 실명까지 하게 되었다.

　이제는 '집달리'가 와서 쓸만한 물건에 '빨간딱지'까지 붙여놓았다. 시집오기 전에 부모님 밑에서 부유하게 살았고 시집올 때도 남편이 마련한 64평에 집에 살던 내가 하루아침에 깊은 경제적 나락에 빠지게 되었다. 그 고민과 갈등의 부산물로 내 오른눈의 '검은 창'이 없어지면서 흰 창만 남게 되었다.

그 아픔을 가지고 기도했다. 당시 가지고 있던 돈 십만원이 있었다. 그래서 아침밥 먹고 안과에 가서 진료를 받으려고 했다. 그것이 나의 마지막 돈이었다. 너무나 귀한 돈이다. 이제 집을 나가야 하는데, 이사비용도 없고 갈 곳도 없었다. 아주 절박했다. 오늘날에도 이런 절박한 사람들이 많이 있으리라 믿는다.

부도 금액은 상상할 수 없이 많은 돈인데, 실상 부도 금액보다 더 큰 것이 나의 눈이었다. 한번 잃어버린 눈은 억만금을 주고도 사지 못한다. 그때 깨달은 것은 '돈보다도 귀한 신체의 중요성'이었다. '돈으로도 살 수 없는 것이 건강'이라는 것을 하나님이 깨달아 알게 하셨다.

네 눈을 창조한 자가 누구냐

새벽에 교회로 가서, 그 눈 때문에 울며 기도를 했다. 그런데 아무도 없는 황량한 새벽 벌판에 주님의 음성이 들렸다.

"네 눈을 창조한 자가 누구더냐?"

그때 내가 대답하기를
"내 눈을 창조한 분은 하나님이십니다."

그런데 새벽 벌판에 주님은 안 계시고 음성만 들렸다.

하나님이 이르시되 우리의 형상을 따라 우리의 모양대로 우리가 사람을 만들고 그들로 바다의 물고기와 하늘의 새와 가축과 온 땅과 땅에 기는 모든 것을 다스리게 하자 하시고 하나님이 자기의 형상대로 사람을 창조하시되 남자와 여자를 창조하시고 (창1:26-27).

전 재산 10만원을 하나님께 드림과
응답

그때 내 마음속에 병원 가려고 가지고 있던 10만원을 헌금하고 싶었다.

그래서 나는 "하나님 내 눈을 돌려주세요"하고 헌금을 드렸다. 그랬더니 담임목사님이 기도를 해주셨다.

"하나님! 김순숙 권사, 눈을 회복시켜 주세요"

그리고 새벽기도는 끝났고, 그때부터 여섯시간을 울면서 기도했다. 그날이 주일날이었는데, 오전 대 예배드릴 때까지 기도를 했다.

그런데 다음날부터 눈에 까만 눈동자가 실낱처럼 보이기 시작했다. 실명된 눈이 돌아오는데 6개월이 걸렸다. 하나님께서 나의 시력을 회복시키신 것이다. '우리의 모든 질고는 하나님이 하시면 된다'는 것을 확신하게 되었다. 실명된 눈이 병원에서 불가능하지만 하나님께서 하시려고 마음을 먹으시면 한순간에도 기적은 일어나는 것이다. 하나님께서 그것을 나에게 알려주신 것이다.

그때부터 하나님의 더 깊은 단계를 깨달아 알게 되었다. 역시 죽고 사는 것은 의사에 손에 달린 것이 아니고 하나님의 손에 달려있는 것이다. 주님은 병든 자를 사랑하셔서 이 세상에 오셔서 산과 들을 다니시면서 육체의 질병과 영혼의 병을 고쳐주신 분이다.

하나님께서 실명케 하시고, 돈도 다 바쳐 병원도 못 가게 하시고, 6개월 동안 아주 조금씩 눈의 회복을 주신 것은 앞으로 나를 신유의 사역자로 삼으시기 위해, 스스로 하나님의 신유의 역사를 체험하게 하신 것이다. 내 눈의 실명을 통해 하나님의 뜻을 나타내기 위한 하나님의 사랑이었다 생각하니 감사만 넘칠 뿐이다.

그는 멸시를 받아 사람들에게 버림받았으며 간고를 많이 겪었으며 질고를 아는 자라 마치 사람들이 그에게서 얼굴을 가리는 것 같이 멸시를 당하였고 우리도 그를 귀히 여기지 아니하였도다 그는 실로 우리의 질고를 지고 우리의 슬픔을 당하였거늘 우리는 생각하기를 그는 징벌을 받아 하나님께 맞으며 고난을 당한다 하였노라 그가 찔림은 우리의 허물때문이요 그가 상함은 우리의 죄악 때문이라 그가 징계를 받으므로 우리는 평화를 누리고 나음을 받았도다(사5:3-5).

내가 여기서 깊이 느낀 것은 '우리의 모든 문제는 기도 외에는 하나님의 역사가 일어날 수 없고, 또한 하나님이 개입하시면 안되는 것이 없다.'라는 것이다.

하나님께서 내 눈을 돌려주셨는데 내가 어머니 뱃속에서 태어났을 때의 눈으로 만드셨다. 즉 나의 시력이 더 좋아지게 되었다. 지금 이 나이에도 눈이 좋은 편이다. 하나님이 나에게 새 눈을 주신 것이다.

우리는 하나님께 질병이나 또 어떤 문제의 해결함을
받을 때 먼저 하나님께 감사를 해야한다. 그러면 기적이
나타난다. 왜냐하면 그분이 모든 문제의 감독자가 되시
기 때문이다.

감사로 하나님께 제사를 드리며 지존하신 이에게 네 서원을 갚
으며 환난 날에 나를 부르라 내가 너를 건지리니 네가 나를 영화
롭게 하리로다(시50:14-15).

하나님의 배달부

하나님께서 나를 '제대로 된 배달부'로 만드시기 위해, 이장에서는 고난도 훈련을 시키셨다. 보통 군인이라면 강도가 센 훈련을 시킬 필요가 없다. 그러나 그가 적진 속에 침투하여 임무를 수행하는 군인이라면 이보다 더 센 훈련을 시켜 적진 속에서, 살아 돌아올 수 있는 훈련을 받게 할 것이다.

특별히 하나님의 배달부로 사용하는 영적인 군사들에게는, 갖가지 훈련을 시켜 마귀권세를 물리치고 하나님의 뜻을 이뤄드리는 일을 할 것이다. 하나님은 나를 영적인 배달부로 훈련을 시키기위해, 가정을 폭삭 망하게도 하시고, 눈을 실명시키시기도 하시고, 막내아들을 죽음 직전까지도 가게 하셨다.

하나님께서는 창세 이후 당신의 배달부를 친히 뽑아 사역을 감당하게 하셨는데, 엉뚱한 배달부가 나타나기도 했다. 선지자들이 한웅큼의 보리를 위하여 거짓 예언을 하고, 거짓 선지자가 나타나고, 밥벌이로 목회를 하는 경우도 있고 오늘날 목회자들이 존경받지 못하고 있는 실정이다.

사무엘상 3장 1절에 보면 "아이 사무엘이 엘리 앞에서 여호와를 섬길 때에는 여호와의 말씀이 희귀하여 이상이 흔히 보이지 않았더라"고 말씀하고 있다. 바로 이 시대가 그런 시대가 아닐까 생각이 든다. 하나님의 말씀을 변질 시키는 주의 종이 많이 나타나고 하나님의 은사를 제멋대로 활용하는 자들이 많은 시대가 되었다.

이러한 마지막 시대에 하나님은 나를 변질에서 구하

시기 위하여, 더 높은 훈련을 시키신 것을 알고있다. 배달부는 남에게 물건을 배달도 하지만, 하나님으로부터 나에게 배달된 물건도 있다. 그러나 실상은 내 물건은 애초에 없는 것이다. 모든 것이 하나님으로부터 왔기 때문이다.

5 장

막내아들의 삶과 죽음의 경계선과 하나님의 축복

에미야 아이를 천국 보내도
편히 살다 가게 하자

우리가 1500만원짜리 전세를 살고 있었다.

이것도 섬기는 교회에서 마련해주어서 있는 형편인데, 은행에 이자를 내지 못해 연체이자가 붙어서 그 집에도 살 수 없는 형편이 되었다. 지하실 방으로 들어가게 되었다. 그런데 지하방으로 내려가는 과정속에서 하나님과의 만남, 하나님이 주셨던 은혜, 그리고 사역 등, 이 모든 것은 나를 만들어가시는 과정이라 생각하며 불평하거나 환경을 탓해서는 안된다고 생각한다.

구약의 욥을 보아도 죄지은 것이 있어서 마귀의 시험

을 받은 것이 아니라 그런 죽음 같은 고난을 통해서 그를 훈련 시키시고 복주기 위함이었음을 알게 된다. 나의 시련과 환난은 거기서 끝난 것이 아니라 막내아들을 통하여 나와 우리 가족은 죽음 같은 시련의 통로를 걸어야 했다.

우리가 지하실에 살면서 초등학교 3학년이던 막내아들이 병원에서 진단을 받은 결과 패혈증이었다. 처음에 나는 감기인줄 알았다. 지하실에 살면서 아들이 열이 났고, 좀 지나면 괜찮겠지 했다. 그래서 아이에게 해열제를 사용했다. 그런데 약 기운이 떨어지면 열로 고통스러워 했다.

보건소 소장님이 소식을 듣고 오셔서 아들을 진단하더니 "빨리 큰 병원으로 옮겨야 합니다. 감기가 아닙니다."

그래서 충남대 병원에 갔더니 의사 선생님이 우리를 향해 야단을 쳤다.

"아이가 이 정도 될 때까지 무엇을 하셨습니까?"

그런데 우리는 지하실 방에, 먹을 것만 주고 어머니하고 나는 복음 전하고 심방을 했었다. 그러다가 해열제 먹이면 낫고 이런 생활이 반복되었던 것이다. 아이가 이렇게까지 아픈지 몰랐다. 그 병원에서는 아이를 벌거벗겨 놓고 여러 가지 실험을 하고 진료를 했다. 초등학교 3학년 아이에게 피를 한 대롱씩 뽑았다. 담당의사를 비롯하여 여러 담당자들이 일을 진행했다.

그때마다 아들이 새카맣게 죽었다, 살았다 했다. 아이는 뼈와 가죽만 남게 되었다. 그때 시어머니가 결단을 했다.

"에미야 아이를 천국 보내도 편히 살다 가게 하자!"

우리는 부모인데도 그 결단을 내리지 못했는데, 시어머니는 했던 것이다. 시어머니는 병원에서 그렇게 고통을 당하는 것을 보고 그렇게 말씀하셨던 것이다.

시트 카바에 아이를 싸서,
병원에서 도망나오다

우리는 아이를 시트 카바에 말아서, 마치 짐챙겨 나오듯이 간호사들의 교대할 때, 혼란한 틈을 이용하여 병원 문을 빠져나왔다.

지금 말하는 것은 쉽게 할 수 있지만 당시 부모의 심정은 어떠했겠는가? 병원에서 아이를 살리려고 갔는데 아이가 더 살 수 없고 죽음의 경지에 이르자 도망가는 나는 내 정신이 아니었다.

그때 남편이 데리고 나오고 나는 짐을 챙겼다. 그리고

병원비는 수표 한 장과 우리 전화번호 주소를 써놓았고

"이 금액으로 남으면 돌려주고, 부족하면 전화하시오!"

아이를 지하실 방에 눕혀놓았다. 당시 남편은 감리교회 권사였고, 시동생들은 목사임직을 받아서 사역할 때다. 남편은 맨 나중에 신학을 하셨다. 그런데 목회는 순서 따라 하나님께서 교회를 먼저 세우게 하셨다.

우리는 세상적으로 할 수 있는 것이 없었다. 그래서 시동생을 전부 불러서 끊임없이 예배와 기도를 드렸다. 그런데 아들이 열이 떨어지기 시작했다. 피가 썩고 심장이 곪는데 열이 42-3도 갔다. 아이가 너무 열 때문에 먹지도 못하고 고통을 당하고 있었다. 그런데 예배를 통해서 조금씩 열이 떨어지면서 요구르트도 마시게 되었다. 즉 먹고 싶은 단계에 이르렀다.

하나님의 지시, 부산침례병원으로 가라

　당시 나는 부산 침례병원이 있는지조차 몰랐다. 우리는 대전에 살고 있었다. 이미 추석 때라 표를 구할 수 없는 상황이다. 아이를 데리고 입석으로는 갈 수가 없었다. 그래서 나는 역에 전화를 했다.

　"저희 상황이 이만저만 한데, 아이를 앉혀서 갈 수는 없을까요. 부모인 저희는 서서 가도 되지만 지금 죽음을 기다리는 아이는 서서 갈 수가 없습니다."

　그때 대전역에서 직원들을 위하여 만들어 놓은 특별

한 자리를 하나 주어서 아들이 앉아가게 되었다. 그래서 부산에 도착을 했고 부산 침례병원에 입원을 시켰다. 마지막 희망을 갖고 온 병원이었다. 그런데 병원에서는 아이가 위독하다고 중환자실에서도 독방에 넣었다. 그 독방은 죽음을 기다리는 곳이다.

막내아들이 내게 말했다.

"엄마! 나 귤이 먹고 싶어요!"

그때는 지금처럼 비닐 하우스에서 재배가 드물었을 때이고 귤이 흔하지 않았다. 또 귤이 나올 때도 아니었다. 아들이 그말을 할 때 떠오르는 생각이 '우리 애기가 가려고 하는구나. 마지막 먹고 싶은 것을 찾는구나.' 왜냐하면 다른 사람들로부터 들은 이야기가 있었기 때문이다. 죽을 때면 '먹고 싶은 것을 찾는다'는 말을 예전에 들었다.

나는 병원에서 밖으로 달려 나와 그 귤을 사려고 백화점이고 시장으로 부지런히 돌아다녔다. 그런데 딱 한군

데서 귤을 팔고 있었다. 비싼 가격에 한 상자를 사서 들고 나왔다. 사랑하는 막내아들의 마지막 먹을 귤이라고 생각하니 가슴이 너무나 아팠다. 아이에게 한 상자, 통째로 주었는데 귤을 반 상자를 먹는 것이다.

그러더니 아이가 말했다.

"엄마! 고속도로에서 파는 눌린 오징어 있잖아 그것도 먹고 싶어!"

"그래!"

그래서 그 오징어를 사다가 주었다. 먹지도 못하던 아이가 오징어 몇마리를 먹는 것이다.

그때 나는 '역시 우리 애기가 죽겠구나'라고 생각했다. 그리고 의사들이 오면, 고개를 설레설레 흔들 뿐이었다. 의사는 말했다.

"피의 염증 수치가 너무 높아 살 수가 없습니다."

그런데 병원 옆에 교회가 있었다. 아이는 중환자실에

맡기고, 나는 교회에 가서 밤새도록 "하나님 내 아들을 살려주세요!" 기도했는데 아들이 일반 중환자실로 옮겨 오게 되었다. 내가 아들 간호를 했다. 24시간 아이를 지켰다. 그런데 의사들이 오면 자기네끼리 '가망이 없다'라고 하는 것을 짐작으로 알 수가 있었다.

피의 염증 치수는 떨어지지 않고 아이는 자꾸 먹을 것을 요구했다. 그때 호주에 가서 목회하는 시동생이 부산의 모 기도원에 있었는데 "형수님 우리 원장님이 기도를 많이 하시는데 왜 이렇게 아이가 이런지 기도나 한번 받아볼까요"

그래서 기도원을 찾아가게 되었다.
원장님이 말씀했다.

"회개하세요! 하나님이 부르셨는데, 불순종했네요. 하나님이 주의 종으로 부르셨는데도 계속 돈벌 생각만 하고, 집안이 그렇게 기울었는데도 신학교를 가지 않고 돈을 벌어 생계유지 하려고 노력했네요"

우리 막내아들의 죽음을 통하여, 우리 부부가 주의 종의 길로 들어서게 된 것이라 볼 수 있다. 우리를 주의 종의 반열에 세우시기 위하여 막내아들을 죽음의 자리까지 가게했던 것이다. 세상의 우연은 없다. 모든 것이 하나님의 섭리이고 하나님의 계획하심이다.

병원에서 막내아들이 살 가망이 없다고 했을 때, 남편은 지하 이 끝에서 저 끝까지 뒹굴며 "하나님! 내아들만 살려주시면 내가 주의 종이 되겠습니다." 서원의 기도를 올렸는데 하나님께서 그 기도를 들으시고 아들을 고쳐주셨다.

우리가 희망을 안고 찾아갔지만 부산침례병원에서 절망을 선포했다. 그러나 몇 달 후에 회복되는 역사가 일어났다.

아들의 염증 치수가 높아
수술을 할 수 없음

우리 아들이 초등학교 3학년 때부터 4학년때까지 학교를 갈 수가 없었다.

그때 깨달은 것은 '자식이 있고, 학교가 있어도 하나님의 은혜가 없으면 학교를 못다니는 구나'하는 것이었다. 그런데 우리 부모들은 아이가 똑똑해야 되고 공부잘해야 되고 바라는 것이 너무나 많다.

침상에 누어있는 우리 아들을 보면서 '저 아이들은 건강해서 학교를 다니는데 아들은 병들어서 학교를 못가는

구나' 당시 하나님께서 나를 땅바닥까지 낮추셨다. 아들을 집에 데리고 와서 지하실방에서 일년간 먹였고 돌봤다. 그리고 부산 침례병원에서 소개해주는 병원이 있었다.

부천 세종병원이었다. 우리가 그 병원으로 갈려고 준비를 했다. 그곳은 심장 전문 병원이었다. 그래서 기도를 했다.

그런데 하나님이 말씀하셨다.

"네 아들, 심장 수술하기 전에 네 통장에 있는 120만원을 건축헌금으로 내놓아라! 네 아들 몸이 성전인데 무너졌기 때문에 성전 건축헌금으로 드러라"

아들의 심장 수술하려면 1500만원이 필요했다. 우리는 이제 백지상태가 되고 말았다. 말씀 한마디로 천지 만물을 창조하시고 나와 우리 아들을 창조하신 하나님의 손길을 기다리고 있었다. 그러던 중 여의도순복음교회와

뽀빠이 이상룡씨의 후원을 받아서 부천 세종병원에서 심장 수술을 받게 되었다.

우리 아들이 무료로 수술받고 퇴원을 하게 되었다.

우리 재산 120만원이 전부였는데 그때 치료비 1500만원을 천사들을 통하여 공급받게 된 것이다. 그래서 어떤 어려운 일이 우리 인생 가운데 펼쳐진다 해도 우리가 감사하며 기도하면 모든 문제가 해결된다는 것이다.

심장 수술과 바닷가에서 떠오른
8개의 신학생 가방

    심장 수술은 최소 8시간이 소요된다. 그런데 10명 중 9명은 수술하다가 흰 보자기 쓴 채로 죽어서 나오게 된다.

    이제 심장 수술날짜를 잡았는데 정작 피가 없었다. 세종병원 앞에 교회가 있는데 그곳에서 "하나님 우리 아이 수술날짜 잡혔는데 피를 주세요"라고 기도를 했다.

    울며 기도를 하는데 환상이 확 열렸다.
    "맑은 바닷가가 보이고, 신학생들이 들고 다니는 가방

8개가 떠올랐다."

나는 생각하기를

'아니 이 바닷가에서 신학생들이 가지고 다니는 검은 가방이 왜 떠오를까?'

그런데 우리 작은 시누이가 엄신형 목사님의 교회에 신실한 성도였다. 새벽에 담임목사님에게 '이런저런' 내용의 사연을 말씀드렸는데, 마침 목사님이 어느 신학교에 강의하러 가셨다가 '광고를 하셨다.'

"믿음의 가정에 일어난 안타까운 일인데, 피가 8명분이 필요합니다. 그 피가 있어야 그 아이가 삽니다. 그 생명의 피를 기증할 8분이 필요합니다. 원하시는 분은 일어나 주세요!"

그때 엄 목사님은 신학생들에게 축복기도를 해주셨다. 봉고차를 엄신형 목사님이 내주셔서 시누이가 8명의 신학생들을 데리고 왔는데 피를 모두 검사하니까 한 사람도 낙오가 되지 않는 깨끗한 피였다.

내가 본 환상대로 하나님께서 신학생들을 준비하셨고 그들을 통하여 수혈을 할 수 있게 되었다. 그래서 그 다음 날 정상적으로 수술을 하게 되었는데, 우리는 '우느라' 말을 못하는데 초등학교 4학년되는 아들이 말했다.

"엄마! 나는 살아서 올 꺼야!"

하나님! 나는 아들을 땅에 묻고는
사역을 못합니다

나는 수술실 앞에 자리를 잡고 기도했다.

"하나님! 나는 아들을 땅에 묻고는 사역을 못하겠습니다. 하나님 살려주셔서 내 품에 돌아오게 해주세요! 그렇게 하시면, 제가 일생을 하나님께 드리고, 살려주신 은혜를 보답하겠습니다."

이렇게 8시간동안 울며 하나님께 매달렸다. 그런데 7시간 되었을 때 의사가 나왔다. 그때 소문이 의사가 수술시간을 작정해 놓고 그 전에 나오면 환자가 죽은 것이다.

그런데 수술 의사가 7시간 만에 병실 밖에 나왔기 때문에 긴장을 하고 있었다. '아 우리 아이가 죽었으니 시체를 찾아가라는 것인가?'하고 있는데 의사가 마스크를 벗으면서 희죽 웃었다.
의사가 말했다.

"우리가 열어 보았더니 밖에서 볼 때보다 상태가
좋았습니다."

우리의 눈물의 기도를 하나님이 들어주시고 응답해 주신 것이었다. 그래서 8시간이 필요없고 7시간만에 수술이 성공적으로 끝난 것이다.
의사는 다시 말했다.

"두 분 중에 한 분만 아이에게 들어가세요!"

그래서 남편과 나는 서로 들어가려고 가위바위보를 하는데, 가부가 결정이 나지 않았다. 문이 열리면서 간호사가 "두 분 다 들어오세요!"해서 들어가게 되었다. 중환자실에 아이를 눕혀놓았는데 마치 복잡한 거미줄 같았다.

내가 우리 아들의 이름을 불렀다.
그때 아들이 엄지발가락으로 신호를 보냈다.
'나 죽지 않고 살았어!'의 표시였다.

그것을 보는 순간, 눈물이 앞을 가렸다. 그러니까 간호사들이 나를 밀어냈다. 그런데 그곳에서 기적이 일어났는데 그 중환자실에서 3일만에 나오게 되었다. 다른 분들은 보름이 있어도 나오지 못하는 경우도 있는데 아들은 3일만에 빨리 회복을 시켜주었다.

그래서 회복실로 나왔는데 그곳에서도 3일만에 일반 병실로 옮겨졌다. 그리고 회복이 빨라서 아들이 세종병원에서 15일만에 퇴원하게 되었다. 입원부터 퇴원까지 15일이 걸렸다.

그 아들을 살려주신 그 은혜가 감사해, 생명 걸고 이

사역을 하는 것이다. 한 영혼의 소중함을 그때 깨닫게 되었고 목회자가 생명의 소중함을 느끼지 못하면 자격이 없는 것이다.

그 아들은 살아서 건장한 청년이 되었고, 가정을 이루었다.

아들과 필리핀 수양관의 관계

이 아들이 필리핀 수양관을 지을 때에, 인천공항에 근무하고 있었는데 사표를 내고 2년 가까이 필리핀에 머물며 수양관을 완공시켰다.
내가 막내아들에게 말했다.

"하나님이 네 생명을 살려주셨는데, 하나님께 너를 드려야 하지 않겠느냐! 너는 필리핀으로 건너가서 건축을 해라! 우선 40일 작정기도 해보고 결정해라"

아들은 기도하고 결정했다. 나는 아들을 데리고 필리

핀에 가서 건축을 했다.

인천공항 들어갈 때 150대 1의 경쟁을 뚫고 들어간 직장이었지만, 나의 명령이며 하나님의 명령이었기에 아들이 순종했다. 마치 아버지 아브라함에게 순종한 이삭처럼 막내아들은 하나님의 명령한 순종의 아들이었다.

하나님이 그에게 일러주신 곳에 이른지라 이에 아브라함이 그곳에 제단을 쌓고 나무를 벌여놓고 그의 아들 이삭을 결박하여 제단 나무 위에 놓고 손을 내밀어 칼을 잡고 그 아들을 잡으려하니(창22:9-10)

아들이 건축을 전공한 것은 아니지만 호주에서 3년 유학을 갔을 때, 아르바이트를 건설회사에서 했다. 필리핀 수양관을 업자가 5-6개월 지었고 아들이 필리핀에 들어가서 약 2년간 머물며 수양관을 완성시킨 것이다. 아들이 자재를 직접 사서 꼼꼼히 감독하며 건축한 것이다.

내가 한국에서 필리핀의 건축현장에 가보니 아들이 총감독을 하다보니 등의 허물이 네 번이 벗겨졌다고 했다. 그래서 잠도 바로 누워 자지 못하고 옆으로 누워 잤다. 지난날 죽음의 자리에서 구원해주신 주님을 생각하며 필리핀에서 목숨 걸고 건축을 했다.

네가 죽도록 충성하라 그리하면 내가 생명의 면류관을 네게 주리라(계2:10).

내가 너에게 무엇을 해주기 원하느냐

그런데 문제는 필리핀 전기회사에서, 한국돈 1억원을 국가에 헌납하라고 했다. 아들이 전기를 신청하러 갔더니 책임자가 그렇게 말하는 것이었다.

'우리가 어디서 1억원을 구한다는 말인가?'

그래서 전기를 주지 않았고 또 수도국에서도 물을 주지 않았다.

그래서 아들이 내게 말하기를

"일단 감사예배를 늦추지요?"

"아니다. 하나님이 하신 말씀을 지켜야 한다."

이런 상황이 계속되고 있는데, 하나님께서 나에게 세종 임마누엘 금식기도원 식구들 14명에게 3일금식 명령이 떨어졌다. 월, 화, 수 3일간 금식기도를 했다. 수요일 저녁 금식이 끝나서 보호식 하는 시간에, 주님께서 필리핀의 건축현장을 직접 찾아가셨다.

등에 허물이 벗겨져 똑바로 누워있지도 못하는 아들에게 세마포 입으신 주님이 방안에 찾아오셨는데, 너무나 눈이 부셨다고 한다.
주님이 말씀했다.

"내가 너에게 무엇을 해주기 원하느냐!"
"전기와 수도인데 다급한 것이 전기입니다."

그런데 이미 세마포 입으신 주님이 방안에 계시지 않

았다. 벌써 주님은 떠나신 것이다. 목요일 아침에 일찍 전화가 왔다.

"엄마 내가 이런 꿈을 꾸었어!"
"건축하는 것도 감사했지만, 주님이 너를 만나 준
  것에 대해 더욱 감사하다. 필리핀 수양관 건축은
  주님이 너를 만나 준 것만으로도 족하다. 주님이
  너를 만나주시면 네 인생을 주님이 끌고 가실
  것이다."

목요일 아침 10시쯤 필리핀 수양관 건축현장에 가보았더니, 필리핀 전기회사 메랄코에서 전신주를 세우고 있었다. '1억을 기부하지 않으면 전기를 주지 않겠다'고 하더니 이것이 무슨일일까 아들은 놀랐던 것이다. 그래서 아들이 말했다.

"어떻게 된 것입니까?"
"너희에게 전기 주러 왔다."
"아, 네."

"우리가 1억을 요구했지만 그냥 해주겠다. 그 대신
  전기자재들은 사와야 한다."
"알겠습니다."

그래서 아들이 마닐라에 가서 전선과 플러그 등 전기
에 필요한 모든 부분을 사왔는데 한국 돈으로 천여만원
들었다. 그때 깨달은 것은 기도가 현찰이다. 우리 기도로
하나님께서 1억원 들것을 1천만원 정도가 되었던 것이
다. 우리가 하나님으로부터 9천만원을 받은 것이다.

하나님께서는 아침에 전기 주시고 저녁때는 수도국에
서 파이프를 연결해 주셨다. 한날에 두 개를 다 주셨다.
하나님이 하시고자 하시면 못할 것이 없으신 분이다. 아
들이 필리핀 수양관에서 일하면서 큰 기적을 보았고 주
님의 형상도 보았다.

아들은 평생 잊을 수 없는 세마포입은 주님을 필리핀
땅에서 만난 것이다. 그러면서 주님 앞에 두려움도 느꼈
고 하나님의 위대하심과 거룩하심이 아들을 지배했던 것

이다.

　그때가 아들의 28세에서 30세 사이였다. 그리고 하나
님이 지시하신 날에 입당감사예배를 드리는데, 감사패를
엄마가 아들에게 주었는데 그 감사패 내용을 읽는 순간
강대상 앞에서 아들이 대성통곡을 하면서 꼬꾸라졌다.
아마 그것이 입당감사예배의 크라이막스였을 것이다. 그
때 선교사님들도 많이 울었다.

　모든 일정을 마치고 한국에 들어왔고 하나님께서 수
고의 보상을 해주셨다. 대한한공에 입사시켜주셨고 다른
항공사 여직원하고 결혼도 하게 되었다. 지금 가정을 이
루고, 아이 낳고 주님 안에서 행복한 삶을 살고 있다.

하나님의 배달부

막내아들은 초등학교 3학년때 삶과 죽음의 경계선에서, 많은 사람들의 기도와 헌신과 8명의 신학생들의 생명의 피로 그리고 7-8시간의 심장 전문의의 헌신적인 수술과 또 아빠의 기도 엄마의 기도로써 새 생명을 보았던 아들이다.

이 아들 역시 세상 끝날 때까지 죽음에서 건져주신 주님을 감사하게 생각할 것이며, 엄마가 하나님으로부터 들은 음성, '너는 배달부이다'라는 말씀이 역시 아들 가슴 속에서 메아리칠 것이라고 생각한다.

배달부는 남의 물건을 수취인에게 전달하는 사명인데, 그 배달물건은 남에게도 전달도 하지만 하나님으로부터 자신에게 전달되는 물건도 있는 것이다. 아들은 초등학교 3학년 때 하나님과 많은 사람으로부터, '생명과 사랑'을 전달받았다.

나만 그 사랑을 받고 만다면 그것은 받은 줄만 아는 '사해바다'가 되어서 결국은 썩고 말 것이다. 배달받은 물건이나 배달할 물건은 오래 두면 썩고 만다. 신선할 때 배달해야 수취인이 좋아하고 하나님이 좋아하신다. 막내아들은 초등학교 3학년 때 죽음에서 살려주신 하나님을 사랑하며 그 사랑을 실천하기 위하여 약 2년 가까이 필리핀에 가서 희생과 봉사를 했다.

하나님의 사랑을 배달받았으니 필리핀 땅에 가서 수양관을 지으며 선교사님들의 기도처소를 만드는데 협력하는 것은 지극히 당연한 것이다.

주님은 이 땅에 사랑의 배달부로 오셔서 인류를 위하

여 목숨 바쳐 인간들을 사랑하셨다. 나나 막내아들이 주님처럼 배달부의 사명을 잘한다면 하나님의 기쁨이 될 것이다.

새 계명을 너희에게 주노니 서로 사랑하라 내가 너희를 사랑한 것 같이 너희도 서로 사랑하라 너희가 서로 사랑하면 이로써 모든 사람이 너희가 내 제자인 줄 알리라(요13:34-35).

6 장

나는 하나님의 차 배달부

어느 목사와 낡은 차

이 시대에 차는 발이라고 표현해야 맞을 것이다. 예전의 우리 조상들은 좀 여유가 있으면 말을 타고 다녔고 그렇지 못한 사람은 먼 거리와 가까운 거리에 상관없이 걸어 다녔다. 그래서 부산에서 한양 서울까지 오는 거리가 걸어서는 빨리 걸어야 15일이 걸렸다. 그리고 이 시대에 차가 없으면 아무것도 할 수 없을 것이다.

기도원 초기 사역 때였다. 어느 목사님이 낡은 차로 기도원에 오셨다. 교회를 개척하려는 분인데, 어느 날 주님이 "저 목사님 차를 바꿔드려라"고 말씀하셨다. 그래서 스타렉스 새 차를 사서 드렸다.

그 목사님은 하나님이 주신 새 차를 타며 그 마음속에 자신도 하나님의 배달부로서 어떻게 살아야 할 것인지 각오했으리라 본다.

남에게 사랑만 받는다면 그것은 기독교 밖에 있는 사람과 다를 바 없다. 주님이 원하시는 것은 주님에게 갚을 수 없는 그 사랑을 남에게도 전하라는 것이다. 받은 사랑을 움켜 쥐는 사람은 지옥의 사람이며 받은 사랑을 더 넘치게 베푸는 사람은 천국의 사람이다. 사랑은 나눌수록 커지고, 움켜 쥘수록 제로가 되는 것이다.

사랑하는 자여 네 영혼이 잘됨 같이 네가 범사에 잘되고 강건하기를 내가 간구하노라(요삼1:2).

개척교회 부흥회와 노후된 차
그리고 배달부에 대한 생각

부흥강사를 태우고 다니는 개척교회 목사님 차가 너무 노후되었다. 내가 탈 수가 없을 정도였다. 그때 하나님이 차를 말씀하셔서 처음에는 타던 '그레이스'을 드렸는데 나중에는 '스타렉스'로 사드렸다. 어려운 교회 목사님들 자동차 사드린 것은 많이 있다. 하나님의 말씀이 임하면 나는 실천해야 한다. 왜냐하면 나는 주인이 아니요 하나님이 주인이시고 그분이 말씀하신다는 것은 상대방의 차문제에 대해 대책이 있으시기 때문이다.

차 주인도 아닌 종이, '이렇고, 저렇고' 할 말이 없는 것이다. 많은 사람들이 현재 가지고 있는 돈이나 통장의 돈이 자기것이라 생각하는데 그것은 대단한 착각이다.

내 것은 본래 없는 것이며, 세상에 올 때도 1원 하나 가지고 온 것이 없고, 빈 몸으로 왔고 돌아갈 때도 수의 한 벌이면 족할 것이고 또 화장을 한다면 그 옷도 불에 타버리게 될 것이다.

특별히 하나님께서는 나에게 '배달부'라는 말씀하셔서 그 말씀 그대로 순종하며 살려고 노력을 하며 이 세상 떠날 때까지 하나님이 남에게 배달하라는 영적은사, 재물등을 하나도 남김없이 전달하고 가려고 한다.

너희는 인생을 의지하지 말라 그의 호흡은 코에 있나니 셈할 가치가 어디 있느냐(사2:22).

차를 할부로 해도 갚아주실 하나님을 믿었다

사람들이 생각할 때 내가 차를 살때, 내가 돈이 많거나 은행에 쌓아둔 잔고가 있기에 그 돈으로 하는 줄 아는데 실상은 그것이 아니다. 하나님이 명령하시면 나는 주인이 아니고 배달부이기 때문에 명령에 순종하는 것뿐이다. 그러면 할부로 차를 구입하게 되는데, 분명 이일을 지시하신 분이 하나님이시기에 할부도 분명 갚아주실 것을 믿는 것이다. 왜냐하면 그분이 주인이시고, 어떤 대책을 분명히 갖고 있을 것을 믿기 때문이다.

한번은 수백 킬로미터 떨어진 먼 곳에서 기도원에 대

중교통을 이용하여 오신 목사님이 계셨는데, 하나님께서 차를 지급하라고 해서 '엑센트'를 사드렸다. 약 20대의 차를 구입했는데 초기 사역때 1-2개만 중고로 했고 모두 새 차로 사드렸다.

　부흥회 가서 감동되면 교회로 심고, 개인적으로 차가 낡아도 하나님 명령하시면 했다. 하나님이 새 차를 누구에게 배달하라고 하시면 나는 배달했는데 차 하나하나마다 여러 가지 사연들이 있지만 혹시나 있을지 모르는 교만의 싹이 나올지 몰라 20대 차의 사연 중에 그것도 3개만 내용을 간략하게 적었다.

　나를 비롯하여 하나님의 귀한 차를 배달받은 사람은 하나님의 깊으신 뜻을 정말 알아야 한다.

　'내가 천사의 도움으로 차를 얻게 되었구나' 생각만 한다면 신앙인이 아니다. '나도 다른 사람에게 사랑을 실천하는 천사가 되어야 하겠구나'라고 결단하고 행동에 옮겨야만 하나님의 뜻을 실천하게 되는 것이다.

자기 육체를 위하여 심는 자는 육체로부터 썩어질 것을 거두고 성령을 위하여 심는 자는 성령으로부터 영생을 거두리라 우리가 선을 행하되 낙심하지 말지니 포기하지 아니하면 때가 이르매 거두리라 그러므로 우리는 기회 있는 대로 모든 이에게 착한 일을 하되 더욱 믿음의 가정들에게 할지니라(갈6:8-10).

차 배달을 잘하니까
내게도 차 공급이 잘됐다

빈틈없으시고 확실하신 하나님께서는 내가 차 배달을 잘하니까 내게도 차를 3년에 한 번씩 바꿔주셨다.

이일은 30년 전부터 시작된 일이다. 언제나 형편을 바라보지 않고 주님만을 바라보았다. 만약에 형편과 주변을 살폈다면 '하나님의 배달부' 역할은 두 번째 치고, 헉헉대며 자기한몸 끌고 가기도 힘들었을 것이다.

기도원 초기 사역 때의 죽음을 통과하는 시험과 시련 그리고 연단들이 나를 그나마 붙잡았고 '하나님의 배달부' 사명을 마음속에 각인하고 살았기에 나를 이기었다고 본다.

 '내가 하는 모든 주의 사역은 하나님이 하시는
 것이고 나는 단지 배달부이다'

이것 때문에 모든 것을 하나님께 돌렸고 자신 있게 앞을 향해 전진할 수 있었던 것이다. 그런데 많은 주의 종들이, 지금 자기기 하는 모든 일들이 주님의 맡겨주신 배달부의 사명을 하는 것이 아니라 '자기의 일'을 하고 있다고 생각하기에 '죽을 것 같은 고통과 시련 속에서 그냥 죽어가는 것이다.' 모든 주의 종들과 평신도들은 지금 자기가 하는 일들이 '나의 사역'아니고 주님이 나에게 맡겨주신 사역이며 배달부의 사역이라고 생각하고, 오직 기도와 말씀으로 하나님의 뜻을 분별하며 사역에 임해야 한다.

결코 하나님 앞에서 인간은 주체가 아니며 단지 마이크이고 그분의 뜻을 따라야 하는데, 하나님이 하셔야 할 고민을 인간이 하고있는 것이다.

하나님의 배달부

한번은 큰 교회에 가서 부흥회 했는데 담임목사님 차가 낡았는데도 타고 다니셨다. 그래서 광고했더니 한 분이 '그랜저'로 바꾸어주었다. 나는 거의 사역자 중심으로 내 마음이 통한다. "네가 차에 대하여 많이 심었기 때문에 네가 가는 곳에는 차가 싹이난다"고 주님이 말씀하셨다.

나는 이번 장에서 차 배달부의 사명을 하면서 하나님의 관심사는 주의 종에게 있어서는 '차'였음을 알게 되었다. 예를 들어 선교사가 오지나 도시에서 선교를 하는데 자동차 없이 대중교통을 이용하여 사역을 한다면 그 선교사는 사역을 포기했던지, 아니면 하나님께 눈물로 차를 달라고 기도하는 중일 것이다.

그리고 한국에서 목회하시는 분도 개척교회는 봉고라도 있어야 할 것이다. 그래야 성도들을 실어나를 수 있지 않겠는가 차없으면 대중교통을 이용해 오고 가야 하는데 이래가지고 목회를 할 수 있겠는가? 수많은 선교사들과 개척교회 목사 또는 목회자들이 차에 대한 필요성을 절감하고 하나님께 기도했기에 '차'문제에 대하여 하나님께서는 누구보다 잘 알고 계신 것이다.

즉 주의 종들의 부르짖음을 하나님은 잘 알고 계신 것이다. 하나님은 부족한 여종을 통하여 주님의 마음을 전달받고 차 배달을 하는 것이다. 또 조용히 마음의 문을 열어놓고 주님의 음성에 귀를 기울인다면 분명 우리 각자에게도 남에게 '무언가' 배달하라는 음성이 들려올 것이다. 이런 주의 음성이 들려오지 않는다면 하나님과 담이 막혀있는 사람이다.

하나님은 우리와 수시로 교통하기 원하시며 자신의 뜻을 우리에게 나타내시기를 원하신다. 주님의 말씀에 화답하며 그분의 뜻대로 살기를 바란다.

여호와의 손이 짧아 구원하지 못하심도 아니요 귀가 둔하여 듣지 못하심도 아니라 오직 너희 죄악이 너희와 너희 하나님 사이를 갈라놓았고 너희 죄가 그의 얼굴을 가리어서 너희에게서 듣지 않으시게 함이니라 이는 너희 손이 피에, 너희 손가락이 죄악에 더러워졌으며 너희 입술은 거짓을 말하며 너희 혀는 악독을 냄이라(사59:1-3).

7 장

나는 하나님의 집 배달부

큰 집에서 작은 집으로

　나는 시집오기 전에도 좋은 집에서 거주하며 살았고 시집올 때도 남편의 높은 지위 때문에 커다란 집에서 잘 살았다. 그런데 가까운 사람의 보증을 서고 그 사람이 부도가 나자, 아무 걱정도 없이 지금까지 살아온 나에게는 너무나 커다란 충격으로 다가와, 오른쪽 눈의 실명과 더 이상 아무것도 기댈 수 없는 나락에 빠지게 되었다.

　그러나 지나놓고 보니, 나를 세워 주의 복음을 증거하시려는 하나님의 섭리였다 생각하니, 그저 하나님의 은혜가 감사하고 고마울 뿐이다. '하나님의 사랑이 클수록 고난도 깊은 것이다.' 마치 산이 높으면 계곡도 깊은 것처럼…

내가 섬기던 교회에서 1500만원을 주어서 이사를 가게 되었다. 그런데 이것도 감당할 수 없어 작은 방은 세를 놓았다. 너무나 힘든 생활이었다. 그러나 그곳에도 있을 형편이 되지 못했다.

간경화와 지하실

마침 그때에 간경화로 사경을 헤메던 분이 있었다. 한 달 동안 집으로 가서 기도를 해주었다.

27일째 되던 날 기적의 역사가 일어났다. 간경화 환자는 건물 주인이었는데, 지하건물을 나에게 등기를 해 주어서 살게 되었다. 여기서부터 지하 기도원이 시작되었다, 죽을병에 걸린 사람이 살아난 곳에서 기도원이 시작된 것이다.

그러니까 1990년부터 3년 반 그곳에서 지하 기도원을 했다. 물론 아이들도 그곳에서 살았다. 우리 애기가 지하실에서 사는 동안 깊은 병에 걸린 것이다.

사실 지하실은 사람이 거주하기에 힘든 공간이다. 지하실에서 사역을 하거나 거주하는 주의 종들은 기도 많이 하셔서 지상에서 사역하시길 간절히 기도한다.

주의 종님이 지하실에 살면 안 됩니다

대구에서 오신 집사님이 우리가 지하에서 사는 것을 보시고 "주의 종님이 지하실에 살면 안 됩니다"라고 말하더니 경부 고속도로 옆에 있는 25평의 집을 사주셨다.

이런 것은 아무나 할 수가 없다. 돈이 있다고 하는 것이 아니다. 돈 몇 푼 때문에도 형제간에 살인하는 시대인데 주의 종이 지하실에 산다고 이런 선행을 베풀 수 있겠는가?

이분은 알았던 것이다. 내게 있는 재물은 내 것이 아

닌 하나님의 것이며, 잠시 세상에 사는 동안 소유가 가능한 것이라고 그래서 하나님의 재물을 갖고 주의 종에게 집을 배달한 것이다. 물론 이 집사님이 자기의 재물로 집을 사준 것 같지만 실상은 하나님이 이 집사님에게 감화 감동을 주셔서 사게 해주신 것이다.

이분은 알았다. 자신은 하나님의 집 배달부라는 것을, 그러나 많은 기독교인들은 자기의 재물은 하나님이 주신 축복이라 생각하고 결코 남을 돕지 않는다. 그러나 나중에 세상 물건 불탈 때 그것도 같이 탈 것이다. '내 것은 내 것이 아니고 주님의 것이고' 우리는 배달부로 이 땅에 왔으니 그 사명 감당하기를 바란다.

이제 지하에서 지상으로 올라오니 참으로 행복했다. 지하처럼 축축한 것도 없고 모든 것이 좋았다. 그런데 어느 날 주님의 음성이 들려왔다

네 집을 은퇴하는 여전도사에게 주어라

대구에 계신 집사님이 사주신 집에서 인간처럼 살아
가고 있는데 주님의 음성이 들려왔다.

"네가 살고있는 네 집을 은퇴하는 여전도사님에게
드려라."

'이게 무슨 말인가? 이제 지하에서 3년 반이나 살다가
지상에 올라왔는데, 어느 은퇴하는 여전도사님에게 주라
니 이것이 무슨 말씀일까?' 그러나 한치의 망설임도 없었
다. 나는 이 여전도사님을 만나 등기 문서를 깨끗이 넘겼

다.

가족과 상의를 하지 않고 결정한 것이다. 당시 남편이 서울에서 신학교 다닐 때였다.

나중에 이 사실을 가족들이 알게 되었고 남편도 알게 되었다.
남편이 말했다.

"잘했다."

그 한마디는 천군만마를 얻은 기쁨이었다.
남편도 '우리는 하나님의 배달부'인 것을 아는 것이다. 이 세상에 어떤 것이든지 내 것이 아니며 하나님의 것인 것이다. 배달부의 사명을 잘하는 자는 하나님으로부터 온 자이며 내 것을 내 것이라 주장한 자는 다른 곳에서 온 자이다. 우리는 배달부 역할을 하는 것을 보고, 하나님의 사람인가 아닌가를 분별할 수 있다.

하나님 이제 어디로 가오리까

이제 갈 곳이 없었다.

그런데 그때에 유방암에 걸린 여선생님을 만나게 되었다. 처녀로서 교사 생활을 19년 6개월을 하셨다. 이제 6개월만 근무하면 평생 연금을 받을 수 있는데 그것을 포기하고 일시금으로 받은 은퇴자금으로 우리의 처소를 마련해 주셨다.

자기의 남은 세월을 그 돈으로 살아야 하는데 그 돈을 아낌없이 주의 나라와 주의 종에게 드려서 집을 마련해 주신 것이다. 이런 분들은 세상에 살지만 세상과는 상관

없이 사는 하늘나라의 백성이다.

　세상에 남편은 없지만 주님이 신랑 되어 주시고, 그의 남은 세월을 지켜주실 것이고 세상에는 집이 없지만 하늘나라 그곳에는 하나님이 친히 만드신 아름다운 집이 있을 것이다. 이렇게 재물을 아낌 없이 하나님께 드리는 자는 분명 하늘의 시민권자이며 하늘의 백성들이다.

　우리는 오늘 갈지, 내일 갈지 모른다. 하나님이 부르시는 그날까지, 자기 것을 내 것이라 주장하지 말고 지금 내가 가지고 있는 것은 하나님의 배달품이라 생각하고 부지런히 나누어주어야 한다. 그것은 영적인 하나님의 말씀일 수 있고, 물건일 수 있고, 갖가지 사역일 수가 있다.

　세상 떠날 때도 아무것도 자기에게 남긴 것이 없는, 다시 말해 새하얗게 타버린 재처럼 되어야 한다. 그래야 하나님이 기뻐하신다. 하나님의 배달물품을 착취하면 주님의 무서운 심판이 기다리고 있을 것이며 잘 배달하면 주의 상급이 있을 것이다.

내가 달려갈 길과 주 예수께 받은 사명 곧 하나님의 은혜의 복음을 증언하는 일을 마치려 함에는 나의 생명조차 조금도 귀한 것으로 여기지 아니하노라(행20:24).

하나님의 배달부

7장에서는 하나님께서 나를 집 배달부를 시키셨다. 큰 집에서 나와 갈 곳이 없을 때 섬기던 교회에서 1500만원을 주어서 전세를 얻게 되었고 또 갈 곳이 없게 되자 간경화로 고생하던 사람을 치유케 하셔서 지하로 갈 수 있었고 나중에는 대구에 계신 집사님이 "주의 종님은 지하실에 살면 안됩니다"라고 해서 25평을 얻어주었고 또 하나님이 "은퇴하는 여전도사님에게 주어라!" 하셔서 아무 토도 달지 않고 나도 주었다.

그랬더니 이번에는 유방암으로 고생하던 선생님을 통

하여 집을 얻게 되었다. 즉 하나님의 명령에 순종해서 배달을 잘하면 하나님께서 다른 사람을 통하여 다시 집을 배달받게 되는 것이다. 그리고 마태복음 7장 12절에 "그러므로 무엇이든지 남에게 대접을 받고자 하는 대로 너희도 남을 대접하라 이것이 율법이요 선지자니라"고 말씀하고 있다.

그런데 여기서 중요한 것은 실상은 '내 것으로 남을 대접하는 것이 아니라 하나님의 것으로 남을 대접하는 것이다.' 하나님의 것으로도 대접을 못하니 참으로 안타까운 일이다.

나는 하나님께 배달받은 모든 것으로 살아가는 사람이다. 그래서 마음에 염려와 근심은 없다. 그것은 내 임무도 아니고 업무도 아니다. 오직 배달부의 역할을 잘하면 된다. 하나님이 배달부를 시켜놓았더니 배달물건을 훔치거나 집에 가지고 가거나 한다면 그것은 배달부가 아니고 도적인 것이다.

특별히 주의 종 가운데는 배달부가 도적으로 변하여 심판받을 사람이 많다. '혹시 나도?' 그 생각을 하며 내 몸을 바울 사도처럼 쳐서 복종을 시켜야 한다.

내가 내 몸을 쳐 복종하게 함은 내가 남에게 전파한 후에 자신이 도리어 버림을 당할까 두려워함이로다(고전9:27).

8 장

필리핀 수양관과 하나님의 배달부

필리핀에 수양관을 세워라

　필리핀 수양관의 설립은 그냥 설립이 아닌, 하나님의 깊으신 섭리가 담겨져 있는 장소이다. 초등학교 3학년 때의 막내아들이 죽음과 삶의 경계선에 있을 때, 나는 하나님 앞에서 부르짖었다.

　"나의 아들을 땅에 묻고는 사역을 할 수 없습니다."

　이렇게 하나님께 담판의 기도를 드렸고, 남편도 온 땅을 뒹굴며 아들의 생명을 살려달라고 기도를 해서, 하나님이 특별히 살려주신 아들이다. 그 아들이 필리핀에서 수양관을 지을 때 주님을 만나게 되었다.

그러니까 10년전 필리핀 지역에, 한국 선교사님의 초청을 받아서 부흥회를 했다. 지금 수양관이 있는 근처였다. 목요일 새벽 하나님께서 나에게 특별한 명령을 내리셨다.

"선교사님들을 위하여 쉼터와 영적인 충전소,
 수양관을 세워라!"

그러면서 선교사님들의 지친 모습, 또 기도하고 싶어도 기도할 수 없는 환경이 느껴지게 된 것이다.

하나님은 "내가 말하는 식양대로 건축을 하라"고 하셨다. 선교사님들 사택, 부부팀이 오셔서 쉬실 수 있는 수양관, 여자분이나 남자분이나 오셔서 쉴수 있는 수양관, 그리고 성전 등 초창기에는 4동을 말씀하셨다. 나는 많은 눈물을 흘렸다. 새벽예배 끝나고 아침 식사 끝날 때까지 울고 또 울었다. 눈물 속에 하나님의 의지가 담겨져 있었던 것이다.

내가 선교사님에게 말했다.

> "부흥회 와서 기도하는 중에 하나님이 말씀하셨습니
> 다. 기도해 주세요! 땅을 천 평 주시겠다고 하시네요.
> 천 평의 땅을 구해주세요!"

> "알겠습니다."

그런데 그 설계도가 계속 나를 따라다니는 것을 느낄
수 있었다. 공항에 가도 또 한국에 와도 설계도는 나를
계속 따라 다녔다. 주님이 바라시는 뜻을 느낄 수 있었던
것이다. 그래서 마음의 결단을 내렸고 한국의 기도원에
서 '필리핀에 수양관을 세우는 것'을 공포했고 작정기도
를 1년을 했다.

1년 후에, 지난해 초청한 교회에서 다시 나를 부흥회
강사로 불렀다.

선교사님이 말했다.

"제가 본 땅이 있습니다. 가보시겠습니까?"

"그래요!"

그래서 가서 보니, 유실수가 있고, 보기 좋았다. 현재 필리핀 수양관이다. 천평의 땅위에 수양관을 짓게된 것이다. 그래서 땅을 계약하고 업자를 선정을 했다. 그리고 하나님이 주신 설계도 그대로 실천에 옮기게 되었다. 하나님이 명령한대로 딱 천평이었다. 세우는 과정중에 어려움이 있었지만 결국은 하나님의 승리로 일이 끝났다. 업자를 통해 일을 하다보니 일이 진행이 잘안되었고 후속으로 막내아들의 희생으로 마무리를 했던 것이다.

필리핀에 수양관 세울 때, 한 가정이 노후대책으로 연금을 들었는데 10년 만기 금액을 드려서 수양관 건축이 시작된 것이다. 이렇게 하나님 앞에 드렸으니, 한 가정의 노후를 하나님께서 책임져 주실 것이다.

너는 나의 배달부

필리핀 수양관이 세워지면서 나는 배달부가 되었다.

한국의 음식, 의류, 약품, 물질, 그리고 하나님으로부터 왔던 영적인 것도 배달하게 되었다. 바울은 디모데후서 1장 6절에 "그러므로 내가 나의 안수함으로 네 속에 있는 하나님의 은사를 다시 불일듯하게 하기 위하여 너로 생각하게 하노니"라고 말씀하고 있다.

바울은 안수를 통하여 '네 속에 있는 은사를 불일듯'하게 할 수 있다고 말씀하고 있다. 나는 보이는 것만 배달하는 것이 아니라 하나님이 내게 준 은사를 배달하기도 한다. 그것은 이미 바울이 말한 것이다.

그래서 필리핀 수양관은 매월 마지막 주에 부흥회를 하는데, 사실 그것은 하나님의 것을 배달하는 사역이다. 그리고 우리가 한국에서 필리핀 갈때에는 특별히 선교사님들이 좋아하실 것들 예를 들면 오리고기 등을 준비해 간다. 영적 은사와 음식을 배달하니, 이 모든 것이 하나님의 은혜가 아니겠는가?

그리고 책의 제목이 된 '너는 나의 배달부'는 필리핀 수양관 지을 때, 부족한 여종에게 들려주신 하나님의 음성이다. 내가 하나님 앞에 부름을 받았을 때부터 하나님으로부터 배달부의 사역을 감당했고, 그 배달부의 사역을 즐거워했으며 감사했고 주님이 부르시는 날까지 배달부의 사명을 충실히 하려고 한다.

9 장

미국 시카고 임마누엘 기도원을 향하신 하나님의 뜻

세상에서 가장 아름다운 나라

　내가 뉴질랜드 부흥회를 7-8년전에 갔었는데, 한인교
회였다. 그런데 뉴질랜드가 너무나 아름다웠다. 석양에
양무리들이 떼를 지어 우리로 들어가고 있었다. 그때 나
는 "하나님 저는 남은 생애를 이렇게 아름다운 뉴질랜드
같은 곳에서 살아가고 싶습니다."라고 기도를 드렸다.
그때 들녘에서 주님의 음성이 들렸다.

　"네가 볼 때는 뉴질랜드가 아름답지만, 내가 만든
　　세상 가운데는 미국이 제일이란다"

이렇게 주님이 말씀하셨다.

그리고 다시 들리는 음성이

"미국에 아름다운 곳이 많다. 내가 너를 미국에
보낼 것이다."

나는 뉴질랜드를 다녀와서 생각했다,
'하나님께서 나를 미국의 어느 곳으로 보내시려나?'

어느날 강단에 엎드렸는데 하나님께서 '미국에 있는
사람들이 기도처가 없어서 영적으로 갈급해 있고, 영이
메말라 있는 것을 하나님께서 보여주셨다.'

그런데 이것저것 부족한 내가 미국 가서 무엇을 어떻
게 해야하나?

그렇게 기도하고 있는데, 예전에 기도원에 기도하러
오셨던 전도사님이 계셨는데 한동안 소식이 끊어졌다가
다시 연결이 된 것이다.

'이분이 도대체 어디간 것일까? 우리 기도원에 기도하
 러 오시던 분인데'

이런 생각을 하고 있었다.

그런데 그분이 시카고에 살고 있었다. 나를 하나님께
서 그 지역으로 보내시려고 그분을 연결시켜 주었던 것
이다. 그래서 그를 위해서 기도를 하는데, 하나님이 "그
가 지금 100만원이 급하니 빨리 보내라!"고 하셨다. 그래
서 내가 말했다.

"돈 백만원 때문에 길거리에 나앉게 생겼네!"

"원장님! 그러지 않아도 월세를 내지 못해 길거리로
 나가게 생겼습니다."

그래서 나는 백만원을 보냈다.

조금 있다가 또 하나님이 "50만원을 또 보내라!" 말씀
하셔서, 나는 배달부로서 하나님의 말씀에 순종을 했다.

미국 시카고 임마누엘 기도원

그때 내가 말했다.

"하나님께서 미국에 기도원을 세우라고 하시는데, 어떻게 진행해야 할지 막막하다. 그러니 기도를 부탁한다."

그런데 그분도 '시카고에 기도원을 세워달라'고 하나님께 기도를 했던 것이다. 그래서 그분이 바짝 협력을 하게 되었다. 처음에는 시카고에서 기도원 하다가 문 닫은 곳에서 시작을 했는데, 세번째 성회를 인도하러 갔을 때 하나님께서 말씀하셨다.

"내가 너희에게 땅과 집을 줄 것이다."

그래서 지금 현재에 있는 시카고 기도원이 하나님이 주신 곳이다. 벌써 만 3년이 넘고 4년으로 접어들고 있다. 그래서 미국 시카고에 기도원이 세워지게 된 것이다.

이 기도원이 세워질 때 미국 켈리포니아에 사시는 어느 집사님이 1억원을 후원을 하셨다. 그것이 기도원 짓는데 기초가 된 것이다. 318평의 대지이고 지상 58평 지하 58평이다. 이미 지어진 건물이고 지하는 성전으로 다시 만들었다.

미국 시카고는 일년에 4번가서 집회를 인도한다. 한국의 임마누엘 금식기도원은 매월 셋째, 필리핀의 수양관은 매월 마지막 주에 집회가 있다. 나는 하나님의 말씀의 배달부로서 열심히 사역에 임하고 있다. 미국의 시카고 기도원은 영적으로 메마르고 힘든 한국교포들이 모이

는 곳이다. 그곳에 한국인 10만이 산다고 한다. 하나님
께서 나를 필요로 하시기에 그곳에 가는 것이다.

하나님의 배달부

　이제 하나님께서 30년전에 한국 땅에 배달부로 불러 주시더니, 10년전에 필리핀으로 배달부의 사명을 감당하게 하시고 또 배달부의 사명을 잘하니까 세상에서 제일 아름다운 나라 미국 시카고로 배달을 보내셨다. 작은 것에 충성하면 하나님은 조금 더 나은 곳으로, 더 열심히 사명을 감당하면 더 큰 배달부의 사명을 맡기신다.

　한국의 옛말에 '달리는 말에 채찍질 가한다'는 말이 있다. 하나님의 나라의 세계에도 열심히 하는 자에게 더 큰 것을 맡기는 것이다. 나는 바울이 말한 것처럼 뒤를 돌아보지 아니하고 나에게 맡겨주신 배달부의 사명을 감당하기 위하여 뛰는 사람이다.

내가 이미 얻었다 함도 아니요 온전히 이루었다 함도 아니라 오직 내가 그리스도 예수께 잡힌 바 된 그것을 잡으려고 달려가노라 형제들아 나는 아직 내가 잡은 줄로 여기지 아니하고 오직 한 일 즉 뒤에 있는 것은 잊어버리고 앞에 있는 것을 잡으려고 푯대를 향하여 그리스도 예수 안에서 하나님이 위에서 부르신 상을 위하여 달려가노라(빌3:12-14).

바울 사도도 배달부의 사명을 받아서, 평생을 자신을 쳐서 복종시키는 삶을 살아왔다. 특별히 바울은 '영적 은사와 신유'를 당시 성도들에게 배달하는 자였다. 부족하지만 주님은 이 여종에게 '신유의 은사와 예언의 은사, 말씀의 은사'를 주셨기에 이것을 성도들에게 잘 배달하려고 나름대로 노력을 한다.

그러나 결코 이 모든 배달품들은 내가 임의로 만들어낸 것이 아니고 하늘나라 본점에서 그분의 허락을 받고 전달하는 것이다.

하나님의 배달물건을 열심히 나르다 보면 나도 모르게
예수님의 모습을 조금은 닮아갈 것이다.

그래서 사도바울은 말하기를 빌립보서 3장 17절에
"형제들아 너희는 함께 나를 본받으라 그리고 너희가 우
리를 본받은 것처럼 그와 같이 행하는 자들을 눈여겨 보
라"고 말씀하고 있다.

10장

하나님의 배달부로서 못다한 이야기

백일 철야를 명령하신 하나님

아주 오래전 내가 시집와서 얼마 되지 않았을 때다.
나는 기도했다.

"하나님! 나는 언제나 우리 남편하고 같이 교회를
다닐 수 있을까요?"

내가 결혼을 할 때는
"우리 가정에 시집오려면 예수를 잘 믿어야 받아드릴
수 있다" 그래서 나는 "예수를 잘 믿겠습니다."라고 말했
는데, 정작 시집와보니, 남편이 교회 다니지 않으니 참으

로 안타까운 일이었다. 나만 교회 가는 형편이다. 시집 식구들이 아무리 잘해줘도 내 남편이 교회 가지 않으니 다 소용없는 일이었다.

안타까운 마음에 기도를 하고 집으로 가는데, 내 입에서 "백일 철야!, 백일 철야!, 백일 철야!" 세 번이나 연속으로 터져 나왔다. 그래서 집에 와서 시어머니에게 말씀드렸다.

"내 입에서 백일 철야라는 말이 세번 이나
나왔습니다."

"철야는 교회에서 밤새도록 기도하는 것이다. 너는
교회 다닌 지도 얼마 되지 않았는데…"

어머니는 골방에 들어가서 기도하고 나오셨다.

"하나님께서 너보고 철야기도 하란다."

나는 그날 저녁부터 철야기도를 시작했다. 나는 아무 것도 모르며, 하늘나라에 대해서도 아는 것도 없었다. 장로님이신 시아버지가 매일 나 때문에 교회를 나가셨다. 장로님 둘째 며느리가 지하 성전에서 기도한다는 소식이 들리자 네 명의 처녀들이 기도에 합세했다.

남편은 낚시를 좋아했는데, 예당저수지 가는 기차선로에서 극적으로 살아나, 낚시도구를 다 부수고 31일째 되는 날부터 나와 철야에 함께했고 나중에는 목사님이 되셨다.

그리고 열심히 기도하던 그 네 명이 사모가 되었다. 나도 사모이니 5명이 된 것이다. 그중에 한 명의 교회에 가서 집회를 인도했다. 비록 아무것도 모르는 초신자였지만 하나님께서 나의 기도를 들으시고 모든 길을 열어 주셨다.

나 혼자의 기도라고 낙심하지 말고 하나님이 주시는 감동대로 기도하면 분명 큰 역사를 이룰 것이다. 엘리야

한 사람의 기도가 3년 6개월 비 오지 않던 땅에 비를 내리게 했고 불을 내려 하나님의 뜻을 이루게 했다.

엘리야는 우리와 성정이 같은 사람이로되 그가 비가오지 않기를 간절히 기도한즉 삼 년 육개월 동안 땅에 비가 오지 아니하고 다시 기도하니 하늘이 비를 주고 땅이 열매를 맺었느니라 (약5:17-18).

사람을 통해서 오는 시험을 이기자

　사람을 통해서 오는 시험은 이기기 힘이 든다. 부부간에도 이 문제 때문에 힘들어한다. 이런 시험도 하나님이 주시면 참고 견뎌서 평정의 마음을 가지면 좋을 것이다. 그리고 하나님께 기도하는 사람이 되어야 할 것이다.

　구약의 요셉도 사람을 통해서 오는 시험을 잘 이겨서 애굽의 총리가 되었다. 다니엘도 사람을 통해서 오는 시험을 잘 이겼다. 다윗도 사람을 통해오는 시험을 잘 이겼다.

우리들은 사람을 통해서 오는 시험을 잘 이겨야 한다.

엘리야 제사장은 한나에게 "독주를 끊어라!"고 언어 폭력을 행사한다. 이런 말을 들을 때 기도의 사람이었던 한나는 얼마나 괴로웠을 것인가? 사람을 통해서 오는 시험을 은혜로 이겨야 한다. 하나님의 은혜가 아니고는 사람을 통해서 오는 시험을 이길 수 없을 것이다.

사람을 통해서 오는 시험을 이기면 하나님은 우리를 한 단계 더 올려주신다. 욥도 그 어려운 시험(친구들 포함)을 당했지만 범죄하지 않고 이겼을 때 한 단계 성숙하게 되었다.

감당할 수 있는 환경 주심을 감사하자

환경이 너무 좋아도 범죄할 수 있다.

다윗은 왕이라는 직책 때문에 전쟁이 나가지 아니하고 옥상에 올라갔을 때 커다란 범죄, 음란과 살인죄를 범하게 되었다. 에덴동산의 하와 역시 너무 좋은 환경 속에서 사탄의 유혹에 빠져 모든 인류가 죽을 수밖에 없었다.

환경이 어려워도 범죄 하지만 환경이 너무나 좋아도 큰 범죄를 할수 있다. 지금 하나님의 주신 나의 환경을 원망하지 말고 잘 다스린다면 하나님의 크신 축복이 있을 것이다.

디모데의 연단을 너희가 아나니 자식이 아버지에게 함같이 나
와 함께 복음을 위하여 수고하였느니라(빌2:22).

기도란 무엇일까

기도는 '울부짖어라.

간절히 찾아라.'

그런 용어도 좋지만, 기도의 가장 중요한 것은 '내 심정을 하나님과 통하는 것이다.'

하나님과 내 심정과 통해야만 한다. 하나님과 심정을 통하기 위해서는, 우리가 하나님께 범죄 하지 말아야 하고, 그리고 율법을 지키면서 기도를 해야 한다. 율법을 지키지 않으면서 하는 기도는 하나님이 응답을 하지 않는다.

기도할수록 율법을 철저히 지켜야만 한다.

그리고 우리의 기도는 심판 날까지 기도를 해야 한다. 소돔성에 유황불을 퍼부을 때도 아브라함이 기도한 것처럼 말이다.

주의 종의 기도란

성경에서 문제를 해결한 경우를 살피게 되면, 사르밧 가정에도 하나님의 종이 기도할 때 놀라운 축복이 임했다.

하나님의 종이 성도들을 위하여 기도할 때, 영적으로 망하게 하지 않게 하시고 육적으로도 부족함이 없게 하신다. 그래서 우리는 주의 종과의 관계가 좋아야 한다.

너희를 인도하는 자들에게 순종하고 복종하라 그들은 너희 영혼을 위하여 경성하기를 자신들이 청산할 자인 것 같이 하느니라 그들로 하여금 즐거움으로 이것을 하게하고 근심으로 하게 하지 말라 그렇지 않으면 너희에게 유익이 없느니라(히13:17).

마치는 글

.
.
.
.
.
.
●

　필리핀 수양관을 지을 때, 하나님이 내게 들려주신 음성, "너는 나의 배달부이다" 이 말씀을 주님으로부터 전해 들었다. 실상 전에도 '배달부사역'을 해왔던 것을 스스로 느낄 수 있었다. 배달부는 분명한 목적의식이 있어야 한다. 수취인의 주소를 따라, 힘이 들고 어렵고 고통스러워도 그 주소대로 찾아가야 하고 등기 같으면 확실히 그 사람에게 전달하고 와야만 한다.

　내가 볼 때는 나뿐만 아니고 모든 기독교인들이 배달부의 사명을 갖고 있음에도 '직무유기'를 하고있는 모습을 보게된다. 주님이 배달하라는 '그 물품' 때문에 죽어가는 영혼을 살릴 수 있다. 그러나 한 사람의 배달부가 자기의 임무를 다하지 못해, 오히려 수많은 영혼 들이 죽을 수도 있다.

하나님의 배달부는 해도 되고 안 해도 되는 것이 아니라 꼭해야만 하는 것이다. 수많은 영혼들이 죽고 사는 것이 내 손에 달려있는 것이다. 전능하신 하나님, 창조주 하나님은 창세기 이전부터 이 땅에 수많은 배달부로 보내셔서 당신의 뜻을 이루셨는데, 그중에 하나가 바로 나이고 또 독자들이다.

주님이 정말 바라시고 원하시는 것은 우리가 '그냥 그렇게 살다가' 오기를 바라지 않으시고 배달부 사명을 성공적으로 마치기를 원하신다.

이 책을 읽는 독자들마다 배달부의 사명을 잘 마치고 천국에서 만나 뵙기를 소원한다.